法藏中國拓片目錄

吉美博物館卷

ESTAMPAGES CHINOIS DU MUSÉE NATIONAL DES ARTS ASIATIQUES GUIMET

［法］戴仁（Jean-Pierre Drège）　施安昌　主編

國家圖書館出版社

圖書在版編目（CIP）數據

法藏中國拓片目録. 吉美博物館卷 /〔法〕戴仁（Jean-Pierre Drège），施安昌主編. — 北京 : 國家圖書館出版社，2024.4

ISBN 978-7-5013-7123-5

Ⅰ.①法⋯ Ⅱ.①戴⋯ ②施⋯ Ⅲ.①碑刻—拓片—目録—中國—古代 Ⅳ.①K877.42

中國版本圖書館CIP數據核字（2020）第228460號

書　　名　**法藏中國拓片目録·吉美博物館卷**

著　　者　〔法〕戴仁（Jean-Pierre Drège）　施安昌　主編

責任編輯　王　雷　王燕來

出版發行　國家圖書館出版社（北京市西城區文津街7號　100034）

　　　　　（原書目文獻出版社　北京圖書館出版社）

　　　　　010-66114536　63802249　nlcpress@nlc.cn（郵購）

網　　址　http://www.nlcpress.com

排　　版　愛圖工作室

印　　裝　北京雅圖新世紀印刷科技有限公司

版次印次　2024年4月第1版　2024年4月第1次印刷

開　　本　787×1092　1/16

印　　張　16

書　　號　ISBN 978-7-5013-7123-5

定　　價　200.00圓

《瀧岡阡表》 宋熙寧三年（1070）四月，MG892（101號）

《重修五華寺記》 元至正二十八年（1368）六月，MG733（439號）

《案伏威感恩碑》　明洪武二十五年（1392）五月，MG906（440號）

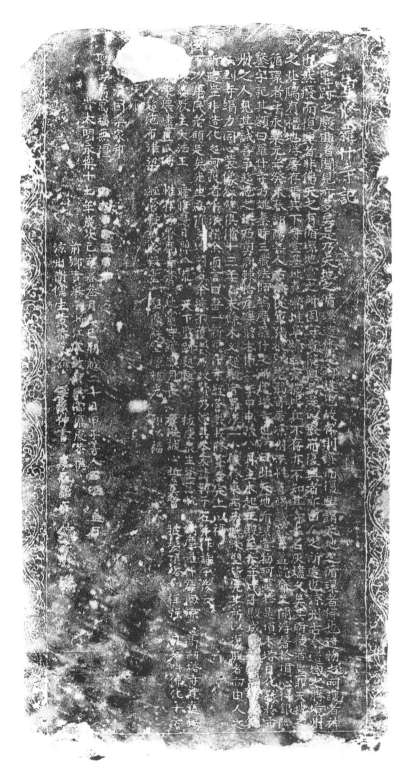

《重修羅什寺記》 明永樂十七年（1419）三月，MG907（441號）

《金剛塔藏文漢文題記》 明天順二年（1458）三月，MG747（447號）

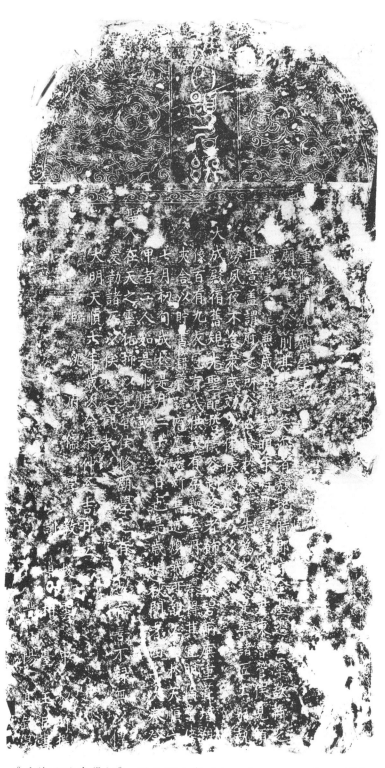

《重修臨洮廟學記》 明天順六年（1462），MG910（448號）

《鳳公世系記》 明嘉靖十二年（1533），MG737A（18號）

《旌忠碑記》 明崇禎六年（1633），MG921（468號）

《元旦初貞喇嘛塔銘》　清康熙六年（1667），MG922（110號）

《重建五龍宮記》　清康熙後，MG851（474 號）

10

Rédaction des notices : Michela Bussotti, Jean-Pierre Drège, Richard Schneider, Oliver Venture

撰稿：［法］米蓋拉（Michela Bussotti），［法］戴仁（Jean-Pierre Drège），

　　　［法］石内德（Richard Schneider），［法］風儀誠（Olivier Venture）

顧問：施安昌

序　言

　　碑帖是指從古代刻石上捶拓下來的拓本。碑帖拓本在國內外許多圖書館、博物館和私人手中都有收藏。整理碑帖，就是弄清每種碑帖的名稱、年代、大概內容、撰文和書寫的人；還要瞭解它的版本，即是出於原來刻石還是翻刻、拓的時代、流傳情況（據題跋、印鑒）等等。知道了這些，便能編目和著錄。

　　自 1992 年起，應法國國家科學研究中心敦煌寫本研究組邀請，我得到法國外交部外國專家局支持和"蔣經國國際學術基金會"資助，參加了法藏中國碑帖整理編目項目和團隊。項目負責人爲著名漢學家戴仁先生（Jean-Pierre Drège，法國高等研究實驗學院教授，敦煌寫本研究組主任，法蘭西學院漢學研究所所長，法國遠東學院院長），參加編目的還有石內德（Richard Schneider，法國高等研究實驗學院副教授）、米蓋拉（Michela Bussotti，法國遠東學院教授）、風儀誠（Olivier Venture，法國遠東學院教授）等諸位漢學家。

　　該項目涉及的收藏拓本單位有四個，即法國亞洲學會、吉美博物館、法蘭西學院漢學研究所、法國遠東學院。到 2006 年，我們將這些單位所藏全部拓本編出了目錄（約 7000 件），實現了數字化，并且請攝影師 Marie-Claire Quiquemelle 和 Antoine Lesieur 將其中一部分比較重要的拓本拍了照片。

　　拓本都是由 19 世紀末和 20 世紀早期來華的法國學者購買、訪拓和接受朋友饋贈帶回巴黎的。這裏簡單介紹一下相關的主要搜集者與研究者。

　　愛德華·沙畹（Edouard Chavannes, 1865—1918），曾在法國駐華公使館供職三年，後擔任法蘭西學院教授與漢學教席，在漢學、歷史學、文學和碑銘學方面都成就卓越。當他回國後，仍繼續不斷地向在華居住者和旅行者徵購碑帖。沙畹關於石刻的著述是大量的，如《秦代的碑銘》（1893）、《中國兩漢時期的石刻》（專著，包括對武梁祠碑刻和畫像石室的研究，1893）、《居庸關刻石的初步考釋》（與 S.Lévi 列維合寫，1894）、《景教與哈喇和林回鶻遺址上的中國碑刻》（1897，此題包括唐代《九姓回鶻可汗碑》《闕特勤碑》《苾伽可汗碑》，均爲突厥、漢文雙語）、《印度的王玄策刻石》（1900）、《元朝漢文碑銘與告示》（1904）、《石刻〈道德經〉——林桑發表的拓本》（1905）、《雲南的四種刻石》（1909）、《漢畫像石辨僞》（1913）、《華北考古圖譜》（專著，1915）等。1898 至 1900 年，外交官沙勒埃德·邦尼（Charles-Eudes Bonin）出使東方帶回一批敦煌、庫車、河西其他地區和中亞國家的碑刻，沙畹對其中十種碑文加以翻譯、考釋（其中包括唐《李府君修功德碑》、唐《隴西李氏再修功德記》、元代《莫高窟六字真言偈》、元代《重修皇慶寺記》等）。

1

不難看出沙氏之研究十分廣泛而獨到，他是歐洲研究中國古代碑銘的卓越開創人。

亨利·多倫（Henri d'Ollone，1868—1945），在 1906 年曾率旅行團到達雲南、貴州、四川、青海、甘肅、山西、蒙古等地，其間雇工傳拓了大量碑刻，不少涉及各個民族的歷史文化。

伯希和（Paul Pelliot，1878—1945），是繼他的老師沙畹之後最杰出的漢學家和東方學家。他曾多次來中國，徵集到大量碑帖拓本。在其多領域研究中，許多資料取自碑版。他關於《景教流行中國碑》的專著是十分權威的。他與中國文化界有廣泛交際，這也是所藏碑拓的重要來源。

維克多·謝閣蘭（Victor Segalen，1878—1919），是海軍醫生和詩人、藝術家，也是沙畹的學生。他在 1909 年和 1914 年曾兩度到中國作長途游歷，曾到北京、洛陽、山西、陝西、甘肅、四川、雲南、廣西、廣東、香港等地，搜集拓本頗多，回國後還寫了《宏偉的中國石雕》《漢代的墓葬藝術》和《中國西部考古記》等專著。他的詩集《碑》，1912 年於北京首次出版。

莫里斯·古恒（Maurice Courant, 1865—1935），1890 年任使館翻譯、外交官。1898 年他將《高麗好大王碑》譯成法文，著有《北京朝廷》（1891）、《在中國：風俗習慣與制度，人和事》（1901）。

除此之外，還有羅伯特·赫杜（Robert des Rotours, 1891—1980）、戴密微（Paul Demieville, 1894—1979）等學者，他們所得碑帖現在都保存在上述四個單位中。

沙畹和他的門生及其他學者，不僅於漢學、史學、哲學深有造詣，而且往往有歷史語言學、東方學、考古學等多方面的學術背景。他們探究中國碑銘的視角和方法以及資料的攝取和題目的設定繼承了傳統金石學又另闢蹊徑。

沙畹建立的對中國古代碑銘的研究方向，激發出對拓本搜集、關注的興趣，以及到中國旅行考古、訪碑傳拓活動，這是沙畹的朋友和弟子十分熱衷的事情。但是在第一次世界大戰爆發以後，這個勢頭就中斷了。這一點，回顧歐洲漢學發展歷史可以明顯地看出來。儘管如此，爾後的漢學著述中仍能不時地見到有關碑文的采用和闡釋，如在敦煌文獻的研究中。

這一大批拓本在巴黎已有八十年或更長的時間了。吉美博物館的拓本都經過托裱，整幅平放在特製的大櫃櫥內，抽屜間距較密。遠東學院的拓本每件摺叠後盛於紙袋中，許多紙袋又合裝在厚布袋裏，袋口扎緊。其他兩處的拓本都摺叠裝匣後按序號排放在書架上，與其他藏書同置於書庫中。無論哪種情況，展開拓本時都很清潔，沒有黴迹、水漬、蟲蝕和鼠嚙。這有賴於氣候環境的適宜，更有賴於幾代管理人員的呵護。兩次世界大戰的灾難也未對它們造成損失破壞。

法藏碑帖在時代和内容上涵蓋甚廣。上自周、秦石鼓，秦李斯刻石，下及明、清碑版。曲阜孔廟、泰安岱廟、雲峰山摩崖、龍門石窟、嵩陽石刻、響堂山石刻、西安碑林、昭陵石刻、漢中摩崖，凡古刻聚集之地，碑估拓售，囊括幾盡。嘉祥武氏祠、南陽漢畫像石刻皆數量可觀。非漢語銘刻是又一注意點，如突厥文、回鶻文、藏文、梵文、叙利亞文、西夏文、契丹文、阿拉伯文、八斯巴文、蒙古文、滿文、拉丁文等都可以看到。這些"胡語"刻石在前人著録中則往往闕如，在國内相關單位收藏較少。

在沙畹和伯希和的拓本上，還有他們留下的少許文字，講到得到拓本的時間、地點以及贈送者是什麼人，都很簡短，用墨水寫在邊角或紙背上。如果按照中國人的習慣，這是可以寫成題跋的。

拓本傳拓時間基本上是清代和民國初年，也就是在一百年乃至三百年前從碑石上拓下的。經歷漫長的歲月，由於風雨侵蝕、戰爭及社會各種變亂，原來的石刻已先後消失，特别是那些露於郊野和立於寺廟的石刻，損壞尤重。因此法藏的很多拓本就非常珍貴了。

紙墨和拓工很好，文字和圖畫清晰。這是收集者爲了研究而事前有所要求，購買時也有挑選。多倫的拓本來自他旅行的西部諸省，所取紙張有各種顔色和造紙工藝，相互差别很大，表明是從各地購買的。有些紙在東部收藏的拓本當中難得一見。

我們的編目是按照藏品存放的不同地點進行的。吉美博物館和遠東學院的編目是分别在這兩處做的。亞洲學會和法蘭西學院漢學研究所的拓本都存放於巴黎的 52, rue du Cardinal Lemoine 的書庫裏。敦煌寫本研究組辦公室設在同一座樓的四層，拓本編目工作就在此辦公室進行。二層樓是法蘭西漢學院圖書館，裏邊石刻類圖書相當齊全，爲我們查閱相關文獻提供了便利。我前後六次赴法，曾在敦煌寫本研究組講學和巴黎大學高等實驗學院做系列講座。

後來法方陸續刻製了五個光碟，供學界利用。包含編出的大部分目録（法文）及部分拓本影像。整個項目持續多年，但一直有計劃、有秩序地進行着。我也一直受到合作者和敦煌寫本研究組的朋友們的友好接待和關心。我們共同做了一件有始有終有成效的事情。

法藏碑帖拓本整理編目之事已過去十多年了。現在能够將這一成果彙集成書出版，我和各位共事過的朋友格外高興，在此謹向給予重視和支持的國家古籍保護中心和國家圖書館出版社深致謝意。故宮博物院研究館員王禕和副研究館員馮小夏爲本書内容校勘、核對做了許多工作，在此一并致謝。

施安昌
2018 年 8 月

Introduction

A la fin du 19e et au tout début du 20e siècle, les sinologues occidentaux entreprirent de réunir et d'étudier non plus seulement des livres d'auteurs anciens mais des pièces originales ou leurs reproductions. Les premiers estampages de monuments chinois qui parvinrent en Europe furent le fruit d'explorations et des premières expéditions archéologiques menées aux confins de la Chine. D'autres furent envoyés par des résidents occidentaux en Chine. Au début du 20e siècle, plusieurs expéditions furent organisées en Chine même pour recueillir des témoignages du passé notamment par des photographies et surtout par des estampages. Ces expéditions sont souvent moins connues que celles qui sillonnèrent l'Asie centrale et la Chine du Nord-Ouest et qui mirent au jour manuscrits, peintures et objets divers dans des lieux aussi célèbres que Dunhuang, Turfan, Khotan ou Kharakhoto（Heishuicheng, 黑水城）.

La plupart des estampages chinois qui parvinrent en France à la fin du 19e et dans les premières années du 20e siècle passèrent par les mains du grand sinologue Edouard Chavannes 沙畹（1865—1918）. Ce dernier consacra une grande partie de ses activités et de ses publications à l'étude des témoignages écrits transmis par le procédé de l'estampage [1]. Chavannes acquit lui-même une grande quantité d'estampages. Ce fut d'abord un ensemble d'estampages reproduisant les figures de monuments des Han, notamment le Wu Liang ci （武梁祠）et le Xiaotang shan （孝堂山）, cela dès 1891. Puis, lors de la mission en Chine septentrionale qu'il effectua en 1907 et qui le mena de Moukden（Shenyang）au fleuve Yalu, puis un peu plus tard de Pékin à Tai'an, Qufu, Kaifeng, Luoyang, Xi'an, Taiyuan et Datong. Au cours de cette large boucle, Chavannes visita le Taishan et les sites funéraires remontant aux Han dans les provinces du Shandong et du Henan, notamment les piliers du Wu Liang ci et ceux de Dengfeng （登封）. Recueillant à chaque fois des estampages, il s'arrête au temple de Confucius à Qufu et à la Forêt des stèles （ex-temple de Confucius）à Xi'an, ainsi qu'au Grand stûpa de l'Oie sauvage et à la grande mosquée également à Xi'an, puis aux complexes funéraires des premiers empereurs des Tang, Zhaoling （昭

[1] Sur l'œuvre épigraphique de Chavannes, voir par exemple J.-P. Drège, « Edouard Chavannes et l'épigraphie chinois en France »,dans J-P. Drège, dir, Catalogue des estampages chinois de la Société asiatique, Paris Société asiatique, 2002（Cahiers de la Société asiatique, 3）;戴仁,《沙畹和法國的中國碑銘學》,周長青,施安昌譯,《法國漢學》, 6, 2002, p.587-601.

陵）et Qianling（乾陵）. Il s'intéresse particulièrement aux grottes bouddhiques de Longmen （龍門）, puis de Datong（大同）auxquelles il consacre un des deux volumes de son vaste ouvrage exposant les résultats de sa mission[1]. La diversité des sites visités par Chavannes pourrait nous donner l'impression d'une relative errance, comme le fut, d'une certaine manière, la mission de Paul Pelliot（1878—1945）qui a lieu au même moment au Xinjiang et au Gansu. Ce n'est pas le cas. Pelliot était à la recherche de trésors enfouis et oubliés et ne savait pas à l'avance ce qu'il trouverait ni vraiment où il lui faudrait fouiller. Chavannes sait à l'avance ce que recèlent les lieux qu'il s'apprête à visiter, au moins de manière sommaire. Ce qui le guide, c'est d'abord de faire connaître la sculpture sur pierre de la Chine ancienne, un domaine qu'il a abordé quelques années plus tôt[2] mais qu'il souhaite approfondir. C'est aussi de découvrir l'art bouddhique de la Chine médiévale qui se rattache à celui du Gandhâra（犍陀羅國）et, dans une certaine mesure, à l'art gréco-romain, comme à l'art du Japon ancien. Il faut ajouter encore son intérêt pour la sculpture des sépultures impériales des Tang qui préfigure l'art funéraire des dynasties postérieures jusqu'à celle, contemporaine, des Mandchous.

Après la mort prématurée de Chavannes, en 1918, les estampages qu'il a réunis sont dispersés entre plusieurs organismes et, à vrai dire, on ignore sur quelle base ils ont été répartis. On les trouve actuellement dans quatre établissements parisiens, le musée Guimet, la Bibliothèque nationale de France, le musée Cernuschi et la Société asiatique. Les estampages réunis par Chavannes constituent près de la moitié de la collection du musée Guimet, plus de cinq cents numéros. La Société asiatique en possède aussi un grand nombre, notamment une série importante des inscriptions de Longmen. Ce que l'on ne comprend pas bien, c'est pourquoi des pièces d'un même ensemble se trouvent conservés dans des institutions différentes, par exemple les estampages des Classiques gravés sur pierre en 837（唐開成石經）dont les feuilles d'un même Classique ont été dispersées. Au musée Cernuschi, ce sont plutôt des doubles qui ont été attribués, notamment des estampages du Wu Liang ci ou du Xiaotang shan.

Parmi les autres explorateurs français qui parcourent d'autres itinéraires en Chine à la même époque que Chavannes ou peu après, il faut citer Paul Pelliot. Lors de sa fameuse mission aux grottes de Mogao à Dunhuang, Pelliot glane çà et là des estampages qui sont maintenant conservés à la Bibliothèque nationale de France, à l'exception de quelques-uns qui se trouvent à la bibliothèque de l'Ecole française d'Extrême-Orient ou au musée Guimet. Mais surtout le musée Guimet s'est enrichi des trouvailles dues aux missions opérées par Henri d'Ollone （1868—1945）et Victor Segalen（謝閣蘭, 1878—1919）. Henri d'Ollone prend la tête

---

【1】 Edouard Chavannes（沙畹）, « Mission archéologique dans la Chine septentrionale »（《華北考古圖譜》）, Paris, École française d'Extrême-Orient, Planches（圖）, 2 冊, 1909, Texte（釋）, 2 冊, 1915.

【2】 E. Chavannes, « La sculpture sur pierre en Chine au temps des deux dynasties Han », Paris, E. Leroux, 1893.

d'une expédition à visée géographique et ethnologique et non archéologique, qui est effectuée par quatre militaires. De ce fait, la recherche d'inscriptions chinoises ou de monuments n'est pas au centre des préoccupations de d'Ollone, d'autant que ce dernier ne lit pas le chinois. Il s'intéresse aux populations non-Han de la Chine du Sud, notamment les Yi au Sichuan, les Miao au Guizhou ou les Hui au Yunnan. Néanmoins, grâce à Gaston Lepage（1871— ? ）, diplômé de chinois de l'Ecole des langues orientales, un nombre important d'estampages sont soit achetés soit levés directement sur la pierre, en particulier pour les inscriptions sur rocher（摩崖）. A Chengdu et à Kunming, plusieurs sépultures musulmanes sont étudiées dont celle du fameux Sayyid Ajjal Shams al-Din Omar al-Bukhari（賽典赤瞻思丁，1211—1279）, gouverneur du Yunnan.

Un troisième ensemble d'estampages a son importance au musée Guimet, il résulte de missions effectuées par le poète et médecin de marine Victor Segalen. Très influencé par Chavannes, il se passionne pour la sculpture chinoise ancienne et l'art funéraire de la dynastie Han. Accompagné de Gilbert de Voisins（1877—1939）, homme de lettres, et de Jean Lartigue （1886—1940）, officier de marine et sinisant, il visite Longmen, puis traverse le Shaanxi, où il s'intéresse au mausolée de Qin Shi Huangdi et où il découvre le grand cheval de pierre du mausolée du célèbre général des Han, Huo Qubing（霍去病，前140—前117）ainsi que la voie des esprits du Qianling. Il gagne ensuite le Sichuan où il étudie attentivement les piliers funéraires de Gao Yi（高頤）, du seigneur de Pingyang（平陽府君）et de Shen（沈）. Un premier rapport de mission fut publié dès son retour en France[1]. Plus tard, Jean Lartigue publia une étude plus conséquente, après le décès de Segalen[2]. Au long de leur périple, Segalen et ses compagnons recueillirent eux aussi un ensemble de plusieurs centaines d'estampages, aussi bien à Longmen au Henan, qu'à Mianzhou（綿州）ou Yaxian（雅縣）au Sichuan.

L'un des lieux que visitèrent chacune des missions épigraphiques françaises, un lieu incontournable, fut la Forêt des stèles de Xi'an. Chavannes, Pelliot, d'Ollone, Segalen et Lartigue s'y arrêtèrent et acquièrent une collection, hélas, incomplète, d'estampages de milliers de stèles qui y étaient conservées. La première guerre mondiale mit un terme, au moins provisoire, aux expéditions occidentales en Chine. Les successeurs de Chavannes n'eurent pas un intérêt aussi grand que lui pour les recherches épigraphiques. Toutefois, le fonds du musée Guimet s'accrut encore, peut-être grâce à son directeur, Joseph Hackin（1886—1941）. Celui-ci, qui se spécialisa dans l'art et l'archéologie de l'Asie centrale, participa à la Croisière jaune（1931—1932）, expédition aux buts plus techniques que scientifiques. Deux groupes motorisés partant l'un

---

[1]« Premier exposé des résultats archéologiques obtenus dans la Chine occidentale par la mission Voisins, Lartigue et Segalen（1914）»，Journal asiatique, mai-juin 1915，p.467-486，sept.-oct. 1915，p.281-306，mai-juin 1916，p.369-424.

[2] V. Segalen, G. de Voisins et J. Lartigue, « Mission archéologique en Chine（1914 et 1917）»。Atlas, t.1 et 2，Paris Geuthner, 1923—1924 ;« L'art funéraire à l'époque des Han »（« Mission archéologique en Chine », 1914）, Paris, Geuthner, 1935.

de Beyrouth, l'autre de Tianjin, doivent se retrouver au Xinjiang. A cette expédition participent, outre le paléontologue Pierre Teilhard de Chardin（1881—1955）, un ancien militaire russe, naturalisé français, Vladimir Petropavlovsky（1888—1971）, curieux personnage qui, après avoir servi dans l'armée française devient ingénieur en Chine où il vit au moment de la Croisière jaune. Plus tard, il s'engage dans les Forces française libres en 1941, puis rejoint les forces britanniques après la guerre. A Xi'an, où il s'arrête pendant la Croisière jaune, il acquiert un lot de plus de cinquante estampages à la Forêt des stèles qui sont données au musée Guimet.

La provenance des autres estampages de ce fonds qui se monte à plus d'un millier de titres en tout tient à des dons de personnes privées ou viennent de l'ancien Centre franco-chinois d'études sinologiques（中法漢學研究所，後改名爲 "北平漢學研究所"）qui fut actif à Pékin depuis 1940 jusqu'en 1951 et qui publia en particulier deux gros volumes de bas-reliefs et de pierres gravées de la dynastie des Han avec le concours du collectionneur Fu Xihua（傅惜華，1907—1970）[1].

La rédaction du catalogue des estampages du musée Guimet fait partie d'un projet plus vaste entrepris dans les années 1990 et qui avait pour objectif de compiler les catalogues des estampages chinois conservés dans les principaux musées et bibliothèques d'Europe à vocation asiatique, à Paris, Londres, Stockholm, Zürich, Copenhague, Oxford, Cologne ou Prague. Ce projet, élaboré dans le cadre de l'Ecole pratique des hautes études et du Centre national de la recherche scientifique (Centre de recherche sur les manuscrits, inscriptions et documents iconographqiues de Chine) a été soutenu par la Chiang Ching-kuo Foundation for International Scholarly Exchange qui a fourni des moyens substantiels pour faire réaliser un grand nombre de photographies. Un petit groupe fut constitué auquel participèrent activement, outre moi-même, Michela Bussotti, Richard Schneider et Olivier Venture. Notre ami Shi Anchang apporta son expérience et son savoir. D'autres chercheurs ont apporté leur aide, notamment Alain Thote ainsi que Michèle Pirazzoli et Michel Soymié de manière ponctuelle. Parmi les personnes qui ont collaboré à cette entreprise, il faut encore citer les noms de Frédéric Devienne, Shang Teh-li（尚德儷）, Anne-Lise Palidoni, Barbara Bonazzi, Antoine Lesieur, Marie-Claire Quiquemelle. Enfin il convient de remercier les conservateurs du musée national des arts asiatiques Guimet qui ont facilité notre travail, notamment Francis Macouin, Jacques Giès, Hélène Gascuel ainsi que la présidente du musée, madame Sophie Makariou.

Jean-Pierre Drège

【1】《漢代畫像全集》, « Corpus des pierres sculptées Han (estampages) », Pékin, Centre d'études sinologiques（巴黎大學北京漢學研究所）, 1950—1951, 2 册.

導　言

　　在 19 世紀末和 20 世紀初，西方漢學家不再滿足於僅僅收集和研究中國古籍，開始關注起文物和相關圖像、摹本和拓本。首批送抵歐洲的中國古迹拓本就是他們最早幾次在中國邊疆開展考古學探險活動的收穫，其他一些寄達歐陸的拓本則來自在華的西方人。此種熱潮風行一時，人們在 20 世紀初葉甚至專門組織了數次考察來探尋和采集歷史的見證，拍攝了許多照片并收集了不少拓本。大家時常對在中亞以及中國西北地區開展的大規模科學考察活動津津樂道，驚艷於赫赫有名的敦煌、吐蕃、和田及黑水城發現的寫本、繪畫和各種器物。殊不知在中國西北地區以外的那幾次探險活動，雖相對不太出名，成就却同樣不凡。

　　在 19 世紀末和 20 世紀初，法國所藏的中國拓本大多是經由漢學巨擘沙畹（Edouard Chavannes, 1865—1918）之手運抵法國的。沙畹醉心於研究這些拓印下來的古代銘刻，爲此傾注了大量心血并取得了豐碩的研究成果[1]。他獲得的拓本數量不菲，最早的一批是沙畹自 1891 年開始陸續搜羅的漢代古迹，其中尤爲值得注意的是武梁祠和孝堂山祠石刻畫像的拓本。1907 年，沙畹前往中國北方考察，他先從奉天（今瀋陽）一路行至鴨綠江，後又從北京到泰安、曲阜、開封、洛陽、西安、太原、大同等地。此次長途旅行，沙畹參觀了泰山及山東、河南兩省的漢代墓葬遺址，尤其關注了武梁祠和登封的石闕。他在曲阜孔廟、西安的碑林（舊時孔廟）、大雁塔、大清真寺以及唐太宗的昭陵和唐高宗的乾陵均有停留，每一次駐足都會搜購拓本，充實自己的研究史料。沙畹後將其考古成果編寫成厚厚的兩册《華北考古圖譜》[2]。值得一提的是，他對龍門和雲崗石窟尤感興趣，此二處佛教石窟內容占其圖譜一半篇幅。沙畹參觀過的地點龐雜，或許會給人隨性而行的印象，就如人們某種程度上對同一時期伯希和（Paul Pelliot, 1878—1945）在新疆和甘肅的考察活動的觀感一樣。然而事實并非如此。伯希和是在尋覓被隱藏和遺忘的寶藏，他對該到哪裏去挖掘或是能找到什麽東西均無法未卜先知。沙畹却預先就大概瞭解要去參觀的地方藏有哪些寶貝，換言之，他至少心中有數。而他特別想從事此類研究的最主要動因是他想讓更

　　【1】見戴仁，《沙畹和法國的中國碑銘學》，周長青，施安昌譯，《法國漢學》，6, 2002, 587—601 頁.

　　【2】E. Chavannes（沙畹），《 Mission archéologique dans la Chine septentrionale 》（《華北考古圖譜》），巴黎，法國遠東學院, 圖, 2 册, 1909, 釋, 2 册, 1915.

多的人知道中國古代的石刻。沙畹先前幾年已涉足該領域[1]，如今他希望進一步加深瞭解。他還想發現中世紀中國的佛教藝術，後者的産生和發展深受犍陀羅國藝術的影響，且一定程度上與古希臘古羅馬藝術相關聯，又可以與日本的佛教藝術聯繫。沙畹還對唐代皇陵的雕塑感興趣，這個朝代的陵墓建築對後世乃至清王朝的墓葬藝術都影響深遠。

沙畹擁有的拓本在其 1918 年英年早逝之後流散到數個機構。時光荏苒，當初劃歸這批珍品去向的方法，已難知曉。如今我們可以在巴黎的法國吉美博物館、法國國家圖書館、賽努奇博物館（巴黎市亞洲藝術博物館）和法國亞洲學會四所機構找到它們。沙畹收集拓本的數量衆多，以吉美博物館館藏爲例，就有五百多件，占博物館拓本藏量近一半。亞洲學會也擁有很多，其中一套龍門石窟的拓本尤其珍貴。直至今日人們仍百思不得其解，爲何同一批拓本會分開保存在不同的機構。比如公元 837 年刻成的《唐開成石經》拓片就被拆開存放了。至於賽努奇博物館則主要分到了一些原來重複的沙畹拓本，尤其是武梁祠和孝堂山祠的拓本。

在此如要提到與沙畹同期或稍晚在中國考察的法國探險家，必然講到伯希和。伯希和的考察路綫與沙畹不同，但在其著名的敦煌莫高窟考察過程中，他亦四處搜羅碑刻拓本。目前絕大部分的伯希和拓本收藏在法國國家圖書館，僅有極少幾件存於法國遠東學院圖書館和吉美博物館。談及吉美博物館的館藏，除了前文提到的占其藏量半數之衆的沙畹拓本，多倫（Henri d'Ollone, 1868—1945）以及謝閣蘭（Victor Segalen, 1878—1919）的考察發現亦分別爲館內新增添了許多藏品。多倫帶領的探險隊由四名軍人組成，目標是對中國邊疆的地理和民族進行實地考察，考古活動不在計劃之内[2]。有鑒於此，搜尋銘刻或古迹探訪并非多倫關注的重心，更何況他不通中文。多倫主要對中國南方的少數民族感興趣，尤其考察了四川彝族、貴州苗族和雲南回族的情況。所幸他的考察隊員裏有位巴黎東方語言文化學院中文系畢業的高材生加斯東·勒帕熱（Gaston Lepage, 1871—？），在他的提議和幫助下，多倫的探險隊收購了數量可觀的拓本，部分拓本還是直接從刻石上拓印下來的，尤其是摩崖拓本。多倫他們還在成都和昆明兩地考查了多座回族人墳墓，其中就有著名的雲南元代咸陽王賽典赤瞻思丁（Sayyid Ajjal Shams al-Din Omar al-Bukhari, 1211—1279）墓。

吉美博物館第三批珍貴的拓片藏品來自謝閣蘭。謝閣蘭身兼詩人、海軍軍醫等多重身份。他深受沙畹影響，熱衷研究中國古代雕塑和漢代陵墓藝術。他曾與文學家吉貝爾·德·瓦贊（Gilbert de Voisins, 1877—1939）、懂漢語的海軍軍官讓·拉狄格（Jean Lartigue, 1886—1940）結伴在中國旅行考古。他們游覽了龍門石窟，隨後橫穿陝西，途中拜謁了秦始皇陵，還參觀了漢代名將霍去病（前 140—前 117）墓前的巨型石馬以及乾陵神道。此後一行人又前往四川，在那仔細研究了高頤、平陽府君和沈府君的墓闕。待行程結束返法，他們馬

【1】E. Chavannes（沙畹），« *La sculpture sur pierre en Chine au temps des deux dynasties Han* »（《中國兩漢時期的石刻》），Paris, E. Leroux, 1893.

【2】多倫，《中國禁地：多倫 1906 年至 1909 年之考察》，[美] 李國慶整理，桂林：廣西師範大學出版社，2009 年。

上刊布了此行的第一份考察報告[1]。在謝閣蘭過世之後，讓·拉狄格經過一段時間的整理醞釀，又增補出版了更有分量的研究成果[2]。而他們考察的另一重要收穫，是謝閣蘭和同伴們在考察途中搜羅的數百件拓本，分別來自河南的龍門石窟以及四川的綿州和雅縣。這批拓本後成爲吉美博物館館藏的又一重要組成部分。

在前文提到的法國學者碑銘考察活動中，有一個地方是每個考察隊的必經之所和必由之路，那就是西安的碑林。沙畹、伯希和、多倫、謝閣蘭和拉狄格均在此停留并購買過拓本。遺憾的是，碑林收藏的碑石"叢立如林"，雖經多次造訪，即便帶回的拓片數以千計，仍無法窮盡。第一次世界大戰的爆發使得西方人在中國的探險活動受到了很大影響。而沙畹的後繼者們對碑銘研究的興趣也同他無法比擬。儘管如此，吉美博物館的拓本藏量仍進一步擴大，這或許應歸功於吉美博物館前館長阿坎（Joseph Hackin，1886—1941）。

阿坎是中亞藝術與考古學領域的專家，曾參加法國"黃色雪鐵龍旅途"探險活動（la Croisière jaune, 1931—1932）。該活動由雪鐵龍公司贊助，目的是展現汽車技術而非科學考察。兩隊汽車分兩路，分別從貝魯特和天津兩地向新疆進發。考查隊伍中除有古生物學家德日進（Pierre Teilhard de Chardin, 1881—1955）[3]，還有一位法籍俄國退伍軍人弗拉迪米爾·彼得羅巴甫洛夫斯基（Vladimir Petropavlovsky, 1888—1971）。彼得羅巴甫洛夫斯基是個奇人，他早先是爲法國軍隊效力，隨後到中國做了一名工程師。"黃色雪鐵龍旅途"探險活動期間他正在中國生活。1941年時他還投身自由法國的抵抗戰鬥，戰後又加入了英國軍隊。彼得羅巴甫洛夫斯基在西安碑林購得50多件拓本，後都送給了吉美博物館。

吉美博物館拓本藏品的數量達千餘件，除了上述提到的那些，其餘均來自私人捐贈或是中法漢學研究所（後改名巴黎大學北京漢學研究所）。中法漢學研究所是1940—1951年間設在北京的一所非常活躍的學術機構。研究所的學術成就碩果纍纍。對於拓本收藏研究領域，該所曾在藏書家傅惜華（又名傅寶泉，1907—1970）的幫助下出版過兩大冊《漢代畫像全集》[4]，書中收錄了大量珍貴的漢代畫像石和刻石拓片。

吉美博物館拓本目錄的編纂工作始於20世紀90年代的一個科研項目。該項目旨在盤點和編目歐洲各國以亞洲文明爲特色的博物館和圖書館收藏的中國拓片。從巴黎、倫敦、

【1】« Premier exposé des résultats archéologiques obtenus dans la Chine occidentale par la mission Voisins, Lartigue et Segalen (1914) »（《瓦贊、拉狄格和謝閣蘭中國西部紀行第一份考古調查報告，1914》），*Journal asiatique*（《亞洲學報》），mai-juin 1915, p.467-486, sept.-oct. 1915, p.281-306, mai-juin 1916, p.369-424.

【2】V. Segalen, G. de Voisins et J. Lartigue（謝閣蘭、瓦贊和拉狄格），« *Mission archéologique en Chine (1914 et 1917)* »（《中國考古紀行，1914和1917年》）. Atlas（圖冊），Paris, Geuthner, 1923—1924 ; « *L'art funéraire à l'époque des Han (Mission archéologique en Chine, 1914)* »（《漢代陵墓藝術：1914年中國考古紀行》），Paris, Geuthner, 1935.

【3】譯者按：德日進是法國人，天主教耶穌會神父，國際著名的古生物學家和地質學家，也是哲學家和思想家。他在中國工作和生活多年，"是中國舊石器時代考古學的開拓者和奠基人之一"。其著作《人的現象》《人的未來》等已有中文版問世。

【4】《漢代畫像全集》，（« *Corpus des pierres sculptées Han (estampages)* »），Pékin, Centre d'études sinologiques（巴黎大學北京漢學研究所），1950-51, 2 冊 .

斯德哥爾摩、蘇黎世、哥本哈根、牛津、科隆到布拉格，跨國科研的工作量浩瀚，耗時費力，幾經艱辛。項目主要從"蔣經國國際學術基金會"獲得資助，經費用於拍攝海量的拓片藏品。項目的研究團隊精簡但非常活躍，成員除了我本人，主要還有米蓋拉（Michela Bussotti），石内德（Richard Schneider）和風儀誠（Olivier Venture）。我們的朋友施安昌亦爲我們提供了許多有益經驗和建議。另外請允許我提到其他一些幫助過我們的專家學者，尤其是杜德蘭（Alain Thote），以及曾熱心相助的畢梅雪（Michèle Pirazzoli）和蘇遠鳴（Michel Soymié）；還有同我們合作過的費奇（Frédéric Devienne）、尚德儷、安娜麗絲·帕里多尼（Anne-Lise Palidoni）、芭芭拉·博納齊（Barbara Bonazzi）、安托萬·勒西厄爾（Antoine Lesieur）、季可梅（Marie-Claire Quiquemelle）等，在此一并致謝。最後，我們應該感謝國家亞洲藝術博物館 Guimet 的研究員，他們爲我們的工作提供了便利，特別是 Francis Macouin，Jacques Giès 和 Hélène Gascuel 以及博物館館長 Sophie Makariou。

戴仁

阮潔卿譯

凡　例

一、本目内容收入法國吉美博物館所藏中國拓片目録。

二、本目先以銘文分類爲綱，再以年代爲序。總編號按照本目順序而定。吉美博物館藏拓片原號附在各説明末。

三、本目題名中用"□"表示殘缺或漫漶不清的字。

四、本目説明中的"地點"爲原石刻所在地或出土地點，必要時補注今地名。

五、如吉美博物館所藏拓片是重複品而不分號，本目僅在説明中用"2本""3本""4本"表示同樣内容的拓片重複1件、2件或3件。

六、本目説明中的法文解釋（簡稱"法釋"）是用法文簡單地介紹拓片的内容。

七、本目説明石刻著録情況，采用書名簡稱及卷（册）碼、頁碼，如"金石5"（《金石萃編》卷五）。

八、本目書末有"全石拓片漢語拼音字母索引""石刻年代索引""石刻地點索引"以及石刻撰者、書者、畫者、立石者、刻者索引，以便讀者查閲。索引皆以漢語拼音爲序。

目　　録

摩　崖

1．漢鄐君開通褒斜道摩崖

東漢永平六年（63）

地點：陝西，褒城

舊藏：Victor Segalen, Gilbert de Voisins, Jean Lartigue

隸書

2 本，1 幅。高 125 厘米，寬 199 厘米

著錄：索引 484；金石 5；北圖 1.25

解釋：記漢中郡太守鄐君率徒修築路橋的事迹。

法釋：Inscription commémorant la réfection d'une route par le seigneur Chu, préfet de Hanzhong.

編號：MG651

2．石門頌

原名：司隸校尉楊孟文頌

王升等撰　王戎書

東漢建和二年（148）

地點：陝西，褒城

舊藏：Victor Segalen, Gilbert de Voisins, Jean Lartigue

隸書

2 本，1 幅。高 200 厘米，寬 180 厘米

著錄：索引 488；金石 8；北圖 1.101

解釋：記漢司隸校尉楊孟文修理石門棧道的事。

法釋：Inscription commémorant la réparation de la route de Shimen accomplie par Yang Huan（楊涣）, appellation Mengwen.

編號：MG656

3．李禹通閣道記摩崖

東漢永壽元年（155）

地點：陝西，褒城

舊藏：Victor Segalen, Gilbert de Voisins, Jean Lartigue

隸書

2 本，1 幅。高 60 厘米，寬 45 厘米

著錄：金石續 1；北圖 1.109

解釋：記李禹（或識作寓）重修石門道路之功迹。

法釋：Inscription commémorant la réfection d'une route par Li Yu.

編號：MG650

4．西狹頌

東漢建寧四年（171）

地點：甘肅，成縣天井山

舊藏：Edouard Chavannes

隸書

2 幅。高 140 厘米，寬 140 厘米；高 58 厘米，寬 58 厘米

著録：索引 493；金石 14；華北 1.235（圖 168）

解釋：記武都太守李翕開通西狹棧道爲民謀利之事。

法釋：Eloge du préfet de Wudu （武都） qui aménagea une route de montagne.

編號：MG115

5．甘肅五瑞圖畫像

東漢建寧四年（171）

地點：甘肅，成縣天井山

舊藏：Edouard Chavannes

隸書

1 幅。高 138 厘米，寬 100 厘米

著録：索引 494；金石 14；華北 1.235（圖 167）

解釋：因李翕修路是善舉，所以將黃龍、白鹿、嘉禾、甘露降和木連理五種瑞相刻在《西狹頌》右側，表示贊頌。

法釋：Manifestations de bon augure apparues à la suite de l'inauguration d'un pont.

編號：MG114

6．西狹頌／甘肅五瑞圖畫像

東漢建寧四年（171）

地點：甘肅，成縣天井山

舊藏：Henri d'Ollone

隸書

3 幅。高 163 厘米，寬 116 厘米；高 160 厘米，寬 95 厘米；高 200 厘米，寬 195 厘米

著録：索引 493；金石 14；華北 1.235（圖 168）

解釋：同上 4，同上 5。

法釋：Eloge du préfet de Wudu（武都）qui aménagea une route de montagne et manifestations de bon augure apparues à la suite de l'inauguration d'un pont.

編號：MG852

7．司隸校尉楊淮表紀

卞玉撰

東漢熹平二年（173）二月

地點：陝西，褒城，石門

舊藏：Victor Segalen, Gilbert de Voisins, Jean Lartigue

隸書

2 本，1 幅。高 192 厘米，寬 62 厘米

著録：索引 13；金石 15；北圖 1.151

解釋：叙述司隸校尉楊淮生平歷官。

法釋：Inscription commémorant les mérites de Yang Huai et de son frère Yang Bi（楊弼）.

編號：MG660

8．"袞雪"二字

傳曹操書

東漢建安二十二年至二十四年（217—219）

地點：陝西，褒城，石門

舊藏：Victor Segalen, Gilbert de Voisins, Jean Lartigue

隸書

2 本，1 幅。高 44 厘米，寬 125 厘米

著録：八補 110

解釋：石門古代銘刻之一。

法釋：Inscription de deux grands caractères sur rocher, attribués à Cao Cao（155—220）.

編號：MG659

9．"石門"二字

東漢（25—220）

地點：陝西，褒城，石門

舊藏：Victor Segalen, Gilbert de Voisins, Jean Lartigue

隸書

2本，1幅。高 96 厘米，寬 48 厘米

著録：八補 110

解釋：石門古代銘刻之一。

法釋：Inscription de deux grands caractères sur rocher.

編號：MG654

10．"石虎"二字

鄭子真書

東漢（25—220）

地點：陝西，褒城，石門

舊藏：Victor Segalen, Gilbert de Voisins, Jean Lartigue

隸書

2本，1幅。高 83 厘米，寬 56 厘米

著録：八補 110

解釋：石門古代銘刻之一。

法釋：Inscription de deux grands caractères sur rocher attribués à l'ermite Zheng Zizhen.

編號：MG655

11．石門銘

王遠撰文并書

北魏永平二年（509）正月

地點：陝西，褒城，石門

舊藏：Victor Segalen, Gilbert de Voisins, Jean Lartigue

正書

2本，1幅。高 176 厘米，寬 215 厘米

著録：索引 506；金石 27；北圖 3.123

解釋：記述漢代所鑿石門道路已廢，魏羊祉率工重新開通。

法釋：Inscription de la passe de Shimen.

編號：MG653

12．山河堰落成記

晏袤撰并書

宋紹熙五年（1194）二月

地點：陝西，褒城

舊藏：Victor Segalen, Gilbert de Voisins, Jean Lartigue

隸書

2本，1幅。高 172 厘米，寬 480 厘米

著録：索引 615；金石 151；北圖 43.168

解釋：記載南宋時大水衝壞山河堰，官民重築的歷史。

法釋：Inscription de la digue de Shanhe.

編號：MG657

13．題潘宗伯等造橋記

晏袤撰并書

宋慶元元年（1195）

地點：陝西，褒城

舊藏：Victor Segalen, Gilbert de Voisins, Jean Lartigue

隸書

2本，1幅。高 120 厘米，寬 99 厘米

解釋：石門魏晉題名包括潘宗伯泰始六年（270）和李苞景元四年（263）兩條，此晏袤題記做了釋文和考證。

法釋：Note de Yan Mao sur les réparations apportées à la route de Shimen par Pan

Zongbo et Li Bao en 270.

編號：MG658

14. 題潘宗伯等造橋記

晏裹撰并書

宋慶元元年（1195）

地點：陝西，褒城

舊藏：Henri d'Ollone

隸書

1幅。高122厘米，寬97厘米

解釋：同上。

法釋：Note de Yan Mao sur les réparations apportées à la route de Shimen par Pan Zongbo et Li Bao en 270.

編號：MG861

15. "玉盆"二字

宋慶元二年（1196）二月

地點：陝西，褒城，石門

舊藏：Victor Segalen, Gilbert de Voisins, Jean Lartigue

隸書

1幅。高107厘米，寬57厘米

著錄：索引414；金石143；北圖43.168

解釋：石門古代銘刻之一。

法釋：Deux grands caractères avec note.

編號：MG661

16. "第一山"三字

米芾書

宋（960—1279）

地點：陝西，盩厔，終南山

舊藏：Victor Segalen, Gilbert de Voisins,

Jean Lartigue

正書

1幅。高204厘米，寬93厘米

著錄：索引463；金石138

解釋：米芾所書大字。

法釋：Inscription en trois caractères à la suite de la visite de Mi Fu au Zhongnan shan.

編號：MG645

17. "天下第一福地"六字

吳琚書

南宋（1127—1279）

地點：陝西，盩厔

舊藏：Victor Segalen, Gilbert de Voisins, Jean Lartigue

正書

1幅。高184厘米，寬116厘米

解釋：吳琚所書大字。

法釋：Inscription sur rocher en six caractères.

編號：MG644

18. 鳳公世系記

徐進撰

明嘉靖十二年（1533）

地點：雲南，禄勸

舊藏：Henri d'Ollone

正書

1幅。高96厘米，寬176厘米

著錄：Chavannes, Trois inscriptions, 671—684

解釋：記載鳳詔（承恩）的家族世系。

法釋：Note sur la généalogie de Feng Zhao

（鳳詔），appellation Cheng'en（承恩）.

編號：MG737A

19. 鳳公世系記

徐進撰

明嘉靖十二年（1533）

地點：雲南，禄勸

舊藏：Henri d'Ollone

正書

1幅。高114厘米，寬42厘米（部分的）

著錄：Chavannes, Trois inscriptions, 671

解釋：記載鳳詔（承恩）的家族世系。

法釋：Note sur la généalogie de Feng Zhao 鳳詔，appellation Cheng'en（承恩）.

編號：MG994

20. 鳳公世系記

徐進撰

明嘉靖十二年（1533）

地點：雲南，禄勸

舊藏：Henri d'Ollone

正書

1幅。高134厘米，寬178厘米（部分的）

著錄：Chavannes, Trois inscriptions, 671

解釋：記載鳳詔（承恩）的家族世系。

法釋：Note sur la généalogie de Feng Zhao （鳳詔）appellation Cheng'en（承恩）.

編號：MG1000

21. 鳳公世系記

徐進撰

明嘉靖十二年（1533）

地點：雲南，禄勸

舊藏：Henri d'Ollone

正書

4本，1幅。高89厘米，寬51厘米；高96厘米，寬179厘米；高126厘米，寬43厘米；高96厘米，寬34厘米（部分的）

著錄：Chavannes, Trois inscriptions, 671

解釋：記載鳳詔（承恩）的家族世系。

法釋：Note sur la généalogie de Feng Zhao （鳳詔）appellation Cheng'en（承恩）.

編號：MG1089

22. 羅娿盛世記

明嘉靖十二年（1533）

地點：雲南，禄勸

舊藏：Henri d'Ollone

彝文

2本，1幅。高96厘米，寬172厘米

著錄：d'Ollone, Ecritures, 圖2

解釋：記載羅娿部世襲首領鳳氏土司的家族牒譜和興盛史事。

法釋：Note sur la généalogie des Luowu et de la famille Feng（鳳）.

編號：MG755

23. 羅娿盛世記

明嘉靖十二年（1533）

地點：雲南，禄勸

舊藏：Henri d'Ollone

彝文

2本，1幅。高91厘米，寬197厘米

著錄：d'Ollone, Ecritures, 圖2

解釋：記載羅娿部世襲首領鳳氏土司的家族牒譜和興盛史事。

法釋：Note sur la généalogie des Luowu et

de la famille Feng（鳳）.

編號：MG1084

24．羅婺盛世記

明嘉靖十二年（1533）

地點：雲南，禄勸

舊藏：Henri d'Ollone

彝文

2 本，1 幅。高 91 厘米，寬 197 厘米

著錄：d'Ollone, Ecritures, 圖 2

解釋：記載羅婺部世襲首領鳳氏土司的家族牒譜和興盛史事。

法釋：Note sur la généalogie des Luowu et de la famille Feng（鳳）.

編號：MG1088

25．武定軍民府土官知府鳳世襲脚色碑

明嘉靖十二年（1533）

地點：雲南，禄勸

舊藏：Henri d'Ollone

正書　額：應襲脚色記

1 幅。高 130 厘米，寬 228 厘米

著錄：Chavannes, Trois inscriptions, 671

法釋：Nomenclature des hérédités de génération en génération de Feng, magistrat d'origine locale ayant le titre de préfet de Wuding（Feng Ying 鳳英）.

編號：MG737B

26．武定軍民府土官知府鳳世襲脚色碑

明嘉靖十二年（1533）

地點：雲南，禄勸

舊藏：Henri d'Ollone

正書　額：應襲脚色記

4 本，1 幅。高 95 厘米，寬 176 厘米（部分的）

著錄：Chavannes, Trois inscriptions, 671

法釋：Nomenclature des hérédités de génération en génération de Feng, magistrat d'origine locale ayant le titre de préfet de Wuding（Feng Ying 鳳英）.

編號：MG993

27．武定軍民府土官知府鳳世襲脚色碑

明嘉靖十二年（1533）

地點：雲南，禄勸

舊藏：Henri d'Ollone

正書　額：應襲脚色記

2 本，1 幅。高 94 厘米，寬 144 厘米（部分的）

著錄：Chavannes, Trois inscriptions, 671

法釋：Nomenclature des hérédités de génération en génération de Feng, magistrat d'origine locale ayant le titre de préfet de Wuding（Feng Ying 鳳英）.

編號：MG995

28．武定軍民府土官知府鳳世襲脚色碑

明嘉靖十二年（1533）

地點：雲南，禄勸

舊藏：Henri d'Ollone

正書　額：應襲脚色記

1 幅。高 114 厘米，寬 95 厘米（部分的）

著錄：Chavannes, Trois inscriptions, 671

法釋：Nomenclature des hérédités de génération en génération de Feng, magistrat d'origine locale ayant le titre de préfet de Wuding（Feng Ying 鳳英）.

編號：MG996

29．武定軍民府土官知府鳳世襲脚色碑

明嘉靖十二年（1533）

地點：雲南，禄勸

舊藏：Henri d'Ollone

正書　額：應襲脚色記

2 本，1 幅。高 132 厘米，寬 95 厘米（部分的）

著録：Chavannes, Trois inscriptions, 671

法釋：Nomenclature des hérédités de génération en génération de Feng, magistrat d'origine locale ayant le titre de préfet de Wuding（Feng Ying 鳳英）.

編號：MG997

30．武定軍民府土官知府鳳世襲脚色碑

明嘉靖十二年（1533）

地點：雲南，禄勸

舊藏：Henri d'Ollone

正書　篆額：應襲脚色記

1 幅。高 125 厘米，寬 44 厘米（部分的）

著録：Chavannes, Trois inscriptions, 671

法釋：Nomenclature des hérédités de génération en génération de Feng, magistrat d'origine locale ayant le titre de préfet de Wuding（Feng Ying 鳳英）.

編號：MG998

31．武定軍民府土官知府鳳世襲脚色碑

明嘉靖十二年（1533）

地點：雲南，禄勸

舊藏：Henri d'Ollone

正書　額：應襲脚色記

1 幅。高 120 厘米，寬 27 厘米（部分的）

著録：Chavannes, Trois inscriptions, 671

法釋：Nomenclature des hérédités de génération en génération de Feng, magistrat d'origine locale ayant le titre de préfet de Wuding（Feng Ying 鳳英）.

編號：MG999

32．"石紐"二字

明（1368—1644）

地點：四川，石泉

舊藏：Henri d'Ollone

隸書

3 本，1 幅。高 106 厘米，寬 54 厘米

法釋：Deux grands caractères en rapport avec l'inscription de Yu le Grand.

編號：MG1083

33．"禹穴"二字

明（1368—1644）

地點：四川，石泉

舊藏：Henri d'Ollone

篆書

1 幅。高 134 厘米，寬 51 厘米

法釋：Deux grands caractères en rapport avec l'inscription de Yu le Grand.

編號：MG1087

34. "禹穴"二字

明（1368—1644）

地點：四川，石泉

舊藏：Henri d'Ollone

篆書

1幅。高400厘米，寬182厘米

法釋：Deux grands caractères en rapport avec l'inscription de Yu le Grand.

編號：MG1091

35. 張飛立馬銘

原名：漢將軍飛率精卒萬人大破賊首張郃於八濛立馬勒銘

清光緒十六年（1890）

地點：四川，渠縣，八蒙山

舊藏：Henri d'Ollone

正書

1幅。高95厘米，寬50厘米

著錄：索引335

解釋：紀念張飛大破張郃的戰功。

法釋：Inscription de la victoire de Zhang Fei sur Zhang He 張郃 en 218，avec colophon.

編號：MG856

36. 符字

清（1644—1911）

地點：雲南，武定

舊藏：Henri d'Ollone

1幅。高160厘米，寬95厘米

法釋：Talisman.

編號：MG1090

墓　　碑

37. 王稚子墓東闕銘文

東漢元興元年（105）

地點：四川，新都

舊藏：Victor Segalen, Gilbert de Voisins et Jean Lartigue

隸書

2 幅。高 104 厘米，寬 61 厘米

著錄：索引 2；金石 5；Segalen, Art funéraire, 121；四川 166

解釋：銘文："漢故兗州刺史雒陽令王君稚子闕"。西闕清雍正九年（1731）佚。

法釋：Inscription du pilier funéraire est de Wang Zhizi, préfet de Yanzhou（兗州）.

編號：MG536

38. 王稚子墓東闕銘文

東漢元興元年（105）

地點：四川，新都

舊藏：Henri d'Ollone

隸書

1 幅。高 91 厘米，寬 48 厘米

著錄：索引 2；金石 5；Segalen, Art funéraire, 121；四川 166

解釋：銘文："漢故兗州刺史雒陽令王君稚子闕"。西闕清雍正九年（1731）佚。

法釋：Inscription du pilier funéraire est de Wang Zhizi, préfet de Yanzhou（兗州）.

編號：MG850

39. 馮煥東闕銘文

東漢永寧二年（121）

地點：四川，渠縣

舊藏：Victor Segalen, Gilbert de Voisins et Jean Lartigue

隸書

2 幅。高 138 厘米，寬 24 厘米

著錄：索引 8；Segalen, Art funéraire, 55（圖 14）；四川 39，127

解釋：銘文："故尚書侍郎河南京令豫州幽州刺史馮史君神道"。西闕早佚。

法釋：Inscription du pilier funéraire est de Feng Huan, préfet de Yuzhou（豫州）et de Youzhou（幽州）.

編號：MG531

40. 敦煌長史武斑碑

東漢建和元年（147）二月

地點：山東，嘉祥

舊藏：Edouard Chavannes

隸書

1 幅。高 112 厘米，寬 60 厘米

著錄：索引 4；金石 8；華北 1.96（圖 1193）

解釋：記述敦煌長史武斑生平事迹，黄易於嘉祥訪得，時清乾隆五十一年（1786）。

法釋：Inscription funéraire de Wu Ban, qui fut administrateur en chef de Dunhuang.

編號：MG90

41．孔宙碑

原名：有漢泰山都尉孔君之碑

東漢延熹七年（164）七月

地點：山東，曲阜

舊藏：Edouard Chavannes

隸書

1 幅。高 168 厘米，寬 96 厘米

著錄：索引 7；金石 11；北圖 1.123

解釋：孔宙爲孔子十九世孫，孔融之父。

法釋：Inscription funéraire de Kong Zhou.

編號：MG795

42．尹宙碑

東漢熹平六年（177）四月

地點：河南，鄢陵

隸書

1 幅。高 186 厘米，寬 90 厘米

著錄：索引 15；金石 17

鈐 "韓侯金石之學"（朱）、"戲墨"（白）、"周守藏"（朱）、"韓侯周氏校讎之學"（朱）四印

法釋：Inscription funéraire de Yin Zhou, magistrat de Yuzhou（豫州）.

編號：MG508

43．樊敏碑

原名：漢故領校巴郡太守樊府君碑

息臯書　石工劉盛

東漢建安十年（205）三月

地點：四川，雅安，蘆山

舊藏：Victor Segalen, Gilbert de Voisins et Jean Lartigue

隸書　篆額

1 幅。高 256 厘米，寬 118 厘米

著錄：索引 20；八補 6；Segalen, Art funéraire, 139

法釋：Inscription funéraire de Fan Min, préfet de la commanderie de Ba.

編號：MG702

44．樊敏碑

原名（篆額）：漢故領校巴郡太守樊府君碑

息臯書　石工劉盛

東漢建安十年（205）三月

地點：四川，雅安，蘆山

舊藏：Henri d'Ollone

隸書

1 幅。高 250 厘米，寬 117 厘米

著錄：索引 20；八補 6；Segalen, Art funéraire, 139

法釋：Inscription funéraire de Fan Min, préfet de la commanderie e Ba.

編號：MG855

45．高頤闕額

東漢建安十四年（209）

地點：四川，雅安

舊藏：Victor Segalen, Gilbert de Voisins et Jean Lartigue

1 幅。高 90 厘米，寬 116 厘米

著録：四川 113

法釋：Fronton de la stèle funéraire de Gao Yi.

編號：MG547

46．高頤東闕銘文

東漢建安十四年（209）

地點：四川，雅安

舊藏：Victor Segalen, Gilbert de Voisins et Jean Lartigue

隸書

2 本，2 幅。高 138 厘米，寬 45 厘米

著録：Segalen, Art funéraire, 115；　四 川 31，166

法釋：Inscription du pilier funéraire est de Gao Yi.

編號：MG548-549

47．高頤西闕銘文

東漢建安十四年（209）

地點：四川，雅安

舊藏：Victor Segalen, Gilbert de Voisins et Jean Lartigue

隸書

2 本，2 幅。高 138 厘米，寬 45 厘米

著録：Segalen, Art funéraire, 116；　四 川 32，166

法釋：Inscription du pilier funéraire ouest de Gao Yi.

編號：MG550-551

48．高頤東西闕銘文

東漢建安十四年（209）

地點：四川，雅安

舊藏：Henri d'Ollone

隸書

2 本，2 幅。高 126 厘米，寬 82 厘米

著録：　華 北 1.39；Segalen, Art funéraire, 115

法釋：Assemblage factice de l'inscription des piliers funéraires de Gao Yi.

編號：MG736

49．李業石闕銘文

東漢（25—220）

地點：四川，綿陽，梓潼

舊藏：Victor Segalen, Gilbert de Voisins et Jean Lartigue

隸書

4 本，1 幅。高 56 厘米，寬 38 厘米

著録：Segalen, Art funéraire, 105；　四 川 166；八補 7

法釋：Inscription du pilier funéraire de Li Ye（partie supérieure）.

編號：MG538

50．沈府君右闕銘文

東漢（25—220）

地點：四川，渠縣

舊藏：Victor Segalen, Gilbert de Voisins et Jean Lartigue

隸書

4 幅。高 110 厘米，寬 35 厘米

著録：索引 23；八補 7；Segalen, Art funéraire, 67；四川 40，132

法釋：Inscription du pilier funéraire de droite de Shen.

編號：MG526 bis

51. 沈府君右闕銘文

東漢（25—220）

地點：四川，渠縣

舊藏：Henri d'Ollone

隸書

4 幅。高 210 厘米，寬 51 厘米

著錄：索引 23；八補 7；Segalen, Art funéraire, 67；四川 40，132

法釋：Inscription du pilier funéraire de droite de Shen.

編號：MG854

52. 沈府君右闕正面銘文及圖像

東漢（25—220）

地點：四川，渠縣

舊藏：Victor Segalen, Gilbert de Voisins et Jean Lartigue, MG20572

隸書

1 幅。高 199 厘米，寬 65 厘米

著錄：索引 23；八補 7；Segalen, Art funéraire, 55（圖 25）

法釋：Face principale du pilier funéraire de droite de Shen, avec inscription et décor à l'oiseau rouge.

編號：MG823

53. 沈府君右闕正面銘文及圖像

東漢（25—220）

地點：四川，渠縣

舊藏：Henri d'Ollone

隸書

1 幅。高 204 厘米，寬 60 厘米

著錄：索引 23；八補 7；Segalen, Art funéraire, 55（圖 25）

法釋：Face principale du pilier funéraire de droite de Shen, avec inscription et décor à l'oiseau rouge.

編號：MG853

54. 沈府君左闕銘文

東漢（25—220）

地點：四川，渠縣

舊藏：Victor Segalen, Gilbert de Voisins et Jean Lartigue

隸書

4 幅。高 140 厘米，寬 35 厘米

著錄：索引 23；金石 7；Segalen, Art funéraire, 65；四川 40，129

法釋：Inscription du pilier funéraire de gauche de Shen.

編號：MG528 bis

55. 沈府君左闕正面銘文及圖像

東漢（25—220）

地點：四川，渠縣

舊藏：Victor Segalen, Gilbert de Voisins et Jean Lartigue, MG20573

隸書

4 幅。高 200 厘米，寬 60 厘米

著錄：索引 23；金石 7；Segalen, Art funéraire, 55（圖 25）

法釋：Face principale du pilier funéraire de gauche de Shen, avec inscription et décor à l'oiseau rouge.

編號：MG824

56. "神"字石闕銘文

東漢（25—220）

地點：四川，雅州（今雅安）

舊藏：Victor Segalen, Gilbert de Voisins et Jean Lartigue

隸書

4 本，1 幅。高 36 厘米，寬 24 厘米

法釋：Un caractère mutilé d'une inscription d'un pilier funéraire.

編號：MG537

57. "郎二千石"四字石闕銘文

東漢（25—220）

地點：四川，綿陽，溪山

舊藏：Victor Segalen, Gilbert de Voisins et Jean Lartigue

篆書

4 本，1 幅。高 110 厘米，寬 30 厘米

著録：Segalen, Art funéraire, 300

法釋：Quatre caractères mutilés d'une inscription d'un pilier funéraire.

編號：MG540

58. 楊氏闕正面銘文

東漢（25—220）

地點：四川，綿陽

舊藏：Victor Segalen, Gilbert de Voisins et Jean Lartigue

隸書

4 本，1 幅。高 66 厘米，寬 40 厘米

著録：Segalen, Art funéraire, 100；四川 27，96

法釋：Titre de l'inscription du pilier funéraire de la famille Yang.

編號：MG546

59. 楊氏闕正面銘文一字"漢"

東漢（25—220）

地點：四川，綿陽

舊藏：Victor Segalen, Gilbert de Voisins et Jean Lartigue

隸書

3 本，1 幅。高 14 厘米，寬 16 厘米

著録：Segalen, Art funéraire, 95；四川 78

法釋：Un caractère 漢 de l'inscription du pilier funéraire de la famille Yang.

編號：MG541

60. 楊氏闕正面銘文一字"平"

東漢（25—220）

地點：四川，綿陽

舊藏：Victor Segalen, Gilbert de Voisins et Jean Lartigue

隸書

2 本，1 幅。高 11 厘米，寬 16 厘米

著録：Segalen, Art funéraire, 96；四川 78

法釋：Un caractère 平 de l'inscription du pilier funéraire de la famille Yang.

編號：MG544

61. 楊氏闕正面銘文一字"府"

東漢（25—220）

地點：四川，綿陽

舊藏：Victor Segalen, Gilbert de Voisins et Jean Lartigue

隸書

1 幅。高 13 厘米，寬 15 厘米

著録：Segalen, Art funéraire, 96；四川 78

法釋：Un caractère 府 de l'inscription du pilier funéraire de la famille Yang.

編號：MG545

62. 賈氏闕銘文二字"蜀中"

東漢（25—220）

地點：四川，綿陽

舊藏：Victor Segalen, Gilbert de Voisins et Jean Lartigue

隸書

2 本，1 幅。高 27 厘米，寬 23 厘米

著録：Segalen, Art funéraire, 104；四川 166

法釋：Deux caractères 蜀中 de l'inscription du pilier funéraire de la famille Jia.

編號：MG542

63. 賈氏闕銘文

東漢（25—220）

地點：四川，綿陽

舊藏：Victor Segalen, Gilbert de Voisins et Jean Lartigue

隸書

2 本，1 幅。高 46 厘米，寬 24 厘米

著録：Segalen, Art funéraire, 104；四川 166

法釋：Fragment de l'inscription du pilier funéraire de la famille Jia.

編號：MG543

64. 張猛龍清頌碑

北魏正光三年（522）正月

地點：山東，曲阜

舊藏：Henri d'Ollone

正書

1 幅。高 150 厘米，寬 85 厘米

著録：索引 33；金石 29

法釋：Inscription funéraire de Zhang Menglong, préfet de la commanderie de Lu（魯郡）.

編號：MG862

65. 隴東王感孝頌

申嗣邑撰　梁恭之書

北齊武平元年（570）正月

地點：山東，肥城，孝堂山

舊藏：北京中法漢學研究所

隸書　篆額

1 幅。高 100 厘米，寬 225 厘米

著録：索引 36，530; 金石 34; 華北 1.66-74（圖 55）；漢畫 1.27

法釋：Eloge composé par ordre du roi de Longdong au sujet de l'émouvante piété filiale.

編號：MG763-9

66. 梁公殘碑

原名（額題）：大隋柱國德陽公之碑

隋（581—618）

地點：陝西，昭陵

舊藏：Edouard Chavannes

正書

1 幅。高 110 厘米，寬 62 厘米

著録：索引 39

法釋：Inscription funéraire de Liang［？］, duc de Deyang.

備注：篆額及碑的左部

編號：MG26

67．温彦博碑

原名（首題）：唐故特進尚書右僕射上
柱國虞恭公温公碑

岑文本撰　歐陽詢書

唐貞觀十一年（637）六月

地點：陝西，昭陵

舊藏：Edouard Chavannes

正書

1 幅。高 63 厘米，寬 102 厘米

著録：索引 40；金石 44；北圖 11.73

法釋：Inscription funéraire de Wen Yanbo
（573—636）.

備注：碑的上部

編號：MG2

68．段志玄碑

原名（首題）：唐故輔國大將軍右衛大
將軍揚州都督褒忠壯公段公碑銘

唐貞觀十六年（642）

地點：陝西，昭陵

舊藏：Edouard Chavannes

正書

1 幅。高 110 厘米，寬 94 厘米

著録：索引 42；金石 45；北圖 11.111

法釋：Inscription funéraire de Duan
Zhixuan（598—642）.

備注：篆額及碑的上部

編號：MG1

69．孔穎達碑

原名（首題）：大唐故太子左庶子銀［青］
［光］禄大夫國子祭酒上護軍曲阜憲公
孔公碑

于志寧撰　虞世南書

唐貞觀二十二年（648）

地點：陝西，昭陵

舊藏：Edouard Chavannes

正書

1 幅。高 112 厘米，寬 100 厘米

著録：索引 43；金石 47；北圖 11.184

法釋：Inscription funéraire de Kong Yingda
（574—648）.

備注：篆額及碑的上部

編號：MG3

70．褚亮碑

原名（首題）：大唐故散騎常侍弘文館
學士贈太常卿陽翟縣侯褚府君碑

唐貞觀二十二年（648）

地點：陝西，昭陵

舊藏：Edouard Chavannes

隸書

1 幅。高 113 厘米，寬 93 厘米

著録：索引 45；金石 48

法釋：Inscription funéraire de Chu Liang
（560—647）.

備注：篆額及碑的上部

編號：MG6

71．裴藝殘碑

原名（額題）：大唐贈晋州刺史順義公
碑銘

上官儀撰　褚遂良書

唐貞觀二十三年（649）

地點：陝西，昭陵

舊藏：Edouard Chavannes

正書

1 幅。高 63 厘米，寬 104 厘米

著錄：索引 44；金石續 4；北圖 11.205

法釋：Inscription funéraire de Pei Yi.

備註：篆額及碑的下部

編號：MG4

72．豆盧寬碑

原名（額題）：唐故特進芮定公之碑

李義府撰

唐永徽元年（650）六月

地點：陝西，昭陵

舊藏：Edouard Chavannes

正書

1 幅。高 110 厘米，寬 100 厘米

著錄：索引 44；金石續 4；北圖 12.7

法釋：Inscription funéraire de Doulu Kuan（581—650）.

備註：篆額及碑的下部

編號：MG7

73．牛秀碑

原名（首題）：大唐故左驍衛大將軍幽州都督上柱國瑯琊郡開國公牛公碑銘并序

唐永徽二年（651）

地點：陝西，昭陵

舊藏：Edouard Chavannes

正書

1 幅。高 124 厘米，寬 60 厘米

著錄：索引 44；金石續 4；北圖 11.206

法釋：Inscription funéraire de Niu Xiu, appellation Jinda（進達）.

備註：篆額及碑的右部

編號：MG25

74．房玄齡碑

原名（首題）：大唐故尚書左僕射司空太子太傅上柱國贈太尉并州都督梁文昭公之碑

褚遂良書

唐永徽三年（652）

地點：陝西，昭陵

舊藏：Edouard Chavannes

正書

1 幅。高 63 厘米，寬 104 厘米

著錄：索引 45；金石 50

法釋：Inscription funéraire de Fang Xuanling（578—648）.

備註：篆額及碑的上部

編號：MG5

75．高士廉塋兆記

原名（首題）：大唐故開府儀同三司尚書右僕射上柱國贈司徒并州都督申文獻公之塋兆記

許敬宗撰　趙模書

唐永徽六年（655）二月

地點：陝西，昭陵

舊藏：Edouard Chavannes

正書

1 幅。高 114 厘米，寬 118 厘米

著錄：索引 43；金石 48

法釋：Inscription funéraire de Gao Shilian（575—647）.

備註：篆額及碑的上部

編號：MG9

76．薛收碑

原名（額題）：唐故太常鄉上柱國汾陰

獻公薛府君碑

于志寧撰

唐永徽六年（655）八月

地點：陝西，昭陵

舊藏：Edouard Chavannes

正書

1 幅。高 108 厘米，寬 62 厘米

著録：索引 46；八補 51

法釋：Inscription funéraire de Xue Shou
（592—624）.

備注：篆額及碑的上部

編號：MG8

77. 房仁裕碑

原名（額題）：大唐故清河房忠公神道
之碑；（首題）□州刺史□□□□□贈
兵部尚書房忠公神道碑并序

崔融撰　房琳書

唐顯慶二年（657）

地點：陝西，昭陵

舊藏：Edouard Chavannes

正書

1 幅，2 張。高 46 厘米，寬 36 厘米；高
52 厘米，寬 90 厘米

著録：索引 60；八補 36

法釋：Inscription funéraire de Fang Renyu.

備注：篆額及碑的上部

編號：MG270

78. 張胤碑

原名（額題）：大唐故禮部尚書張府君
之碑

李義府撰

唐顯慶三年（658）三月

地點：陝西，昭陵

舊藏：Edouard Chavannes

正書

1 幅。高 92 厘米，寬 52 厘米

著録：索引 47；八補 51；北圖 13.61

法釋：Inscription funéraire de Zhang Yin
（575—647）.

備注：篆額及碑的上部

編號：MG10

79. 李靖碑

原名（首題）：大唐故尚書右僕射特進
開府儀同三司上柱國贈司徒并州都督衛
景武公之碑并序

許敬宗撰　王知敬書

唐顯慶三年（658）五月

地點：陝西，昭陵

舊藏：Edouard Chavannes

正書

1 幅。高 112 厘米，寬 112 厘米

著録：索引 47；八補 51；北圖 13.80

法釋：Inscription funéraire de Li Jing
（571—649）.

備注：篆額及碑的上部

編號：MG11

80. 尉遲敬德碑

原名（額題）：大唐故司徒并州都督鄂
國忠武公之碑

許敬宗撰

唐顯慶四年（659）四月

地點：陝西，昭陵

舊藏：Edouard Chavannes

正書

1 幅。高 138 厘米，寬 112 厘米

著録：索引 48；金石 52；北圖 13.104

法釋：Inscription funéraire de Yuchi Jingde（585—658）.

備注：篆額及碑的下部

編號：MG12

81．蘭陵長公主銘

原名（額題）：大唐故蘭陵長公主碑

李義府撰　竇懷哲書

唐顯慶四年（659）十月

地點：陝西，昭陵

舊藏：Edouard Chavannes

正書

1 幅。高 111 厘米，寬 92 厘米

著録：索引 48；金石 52；北圖 13.128

法釋：Inscription funéraire de Li Shu　李淑，princesse de Lanling, épouse de Dou Huaizhe.

備注：篆額及碑的上部

編號：MG13

82．許洛仁碑

原名（首題）：唐故左監門將軍冠軍大將軍使持節都督代忻朔蔚四州諸軍事代州刺史上柱國許公□□并序

唐龍朔二年（662）十月

地點：陝西，昭陵

舊藏：Edouard Chavannes

正書

1 幅。高 110 厘米，寬 102 厘米

著録：索引 49；金石 54；北圖 14.54

法釋：Inscription funéraire de Xu Luoren（578—662）.

備注：篆額及碑的上部

編號：MG14

83．道因法師碑

原名：大唐故翻經大德益州多寶寺道因法師碑

李儼撰　歐陽通書　范素刻

唐龍朔三年（663）十月

地點：陝西，西安，碑林

舊藏：Henri d'Ollone

正書

1 幅。高 214 厘米，寬 95 厘米

著録：索引 49；金石 54；碑林目 4.27；北圖 14.83

法釋：Inscription funéraire du maître de la Loi Daoyin.

編號：MG873

84．杜君綽碑

原名（額題）：大唐故左戎衛大將軍兼太子左典戎衛率贈荆州都督上柱國懷寧縣開國襄公杜公碑

李儼撰　高正臣書　萬寶哲刻

唐龍朔三年（663）正月

地點：陝西，昭陵

舊藏：Edouard Chavannes

正書

1 幅。高 108 厘米，寬 110 厘米

著録：索引 49；金石 54

法釋：Inscription funéraire de Du Junzhuo（601—662）.

備注：篆額及碑的下部

編號：MG15

85．清河長公主李敬碑

原名（額題）：大唐故清河長公主碑

李儼撰　暢整書　辛胡師刻

唐麟德元年（664）十月

地點：陝西，昭陵

舊藏：Edouard Chavannes

正書

1 幅。高 118 厘米，寬 105 厘米

著録：索引 50；北圖 14.117

法釋：Inscription funéraire de Li Jing, princesse de Qinghe（624—664）.

備注：篆額及碑的下部

編號：MG16

86．程知節碑

許敬宗撰　暢整書

唐麟德二年（665）十月

地點：陝西，昭陵

舊藏：Edouard Chavannes

正書

1 幅。高 150 厘米，寬 110 厘米

著録：索引 50；北圖 14.166

法釋：Inscription funéraire de Cheng Zhijie（589—665）.

備注：碑的下部

編號：MG255

87．紀國先妃陸氏碑

原名（額題）：大唐紀國故先妃陸氏之碑

唐乾封元年（666）十二月

地點：陝西，昭陵

舊藏：Edouard Chavannes

正書

1 幅。高 123 厘米，寬 93 厘米

著録：索引 51；北圖 15.19

法釋：Inscription funéraire de la concubine de Li Shen（李慎），prince de Jiguo（紀國），née Lu（陸）.

備注：篆額及碑的下部

編號：MG17

88．張阿難碑

原名（額題）：大唐故將軍張公之碑

僧普昌書

唐咸亨二年（671）九月

地點：陝西，昭陵

舊藏：Edouard Chavannes

正書

1 幅。高 123 厘米，寬 93 厘米

著録：索引 52；金石 58

法釋：Inscription funéraire du général Zhang Anan.

備注：篆額及碑的下部

編號：MG18

89．越國太妃燕氏碑

原名：大唐越國故太妃燕氏（缺）

許敬宗撰　高正臣書　萬寶哲刻

唐咸亨二年（671）

地點：陝西，昭陵

舊藏：Edouard Chavannes

正書

1 幅。高 236 厘米，寬 100 厘米

著録：索引 52；北圖 15.154

法釋：Inscription funéraire de Madame Yan, concubine de l'empereur Taizong des Tang.

備注：篆額缺

編號：MG256

90．馬周碑

原名（額題）：大唐故中書令高唐馬公
之碑

許敬宗撰　殷仲容書

唐上元元年（674）十月

地點：陝西，昭陵

舊藏：Edouard Chavannes

隸書

1 幅。高 104 厘米，寬 90 厘米

著錄：索引 53；金石 47；北圖 16.3

法釋：Inscription funéraire de Ma Zhou
（601—648）.

備注：篆額及碑的上部

編號：MG19

91．阿史那忠碑

原名（額題）：大唐故右驍衛大將軍薛
國貞公阿史那府君之碑

唐上元二年（675）十月

地點：陝西，昭陵

舊藏：Edouard Chavannes

正書

1 幅。高 110 厘米，寬 107 厘米

著錄：索引 53；金石 58；北圖 16.16

法釋：Inscription funéraire de Ashina
Zhong.

備注：篆額及碑的下部

編號：MG20

92．周道務碑

原名（額題）：大唐故臨川長公主駙馬碑

唐上元二年（675）

地點：陝西，昭陵

舊藏：Edouard Chavannes

正書

1 幅。高 120 厘米，寬 52 厘米

著錄：索引 54

法釋：Inscription funéraire de Zhou
Daowu, époux de la princesse de Linchuan.

備注：篆額及碑的上部

編號：MG269

93．明徵君碑

原名（首題）：攝山栖霞寺明徵君之碑

唐高宗李治撰　高正臣書　王知敬篆額

唐上元三年（676）四月

地點：江蘇，上元縣，攝山栖霞寺

舊藏：Victor Segalen, Gilbert de Voisins et
Jean Lartigue

行書

1 幅。高 316 厘米，寬 122 厘米

著錄：索引 54；金石 59

法釋：Inscription funéraire de Ming
Zhengjun.

編號：MG688

94．李勣碑

原名（首題）：大唐故司空太子太師上柱
國贈太尉揚州大都督英貞武公李公之碑

唐高宗李治撰并書

唐儀鳳二年（677）十月

地點：陝西，昭陵

舊藏：Edouard Chavannes

行書

1 幅。高 158 厘米，寬 144 厘米

著録：索引 54；金石 59；北圖 16.59

法釋：Inscription funéraire de Li Ji（594—669）.

備注：篆額及碑的上部

編號：MG21

95．乙速孤神慶碑

原名（首題）：大唐故右虞侯副率檢校左領軍衛將軍上柱國乙速孤府君碑銘

苗神客撰　行滿書

武周載初元年（689）二月

地點：陝西，昭陵

舊藏：Edouard Chavannes

正書

1 幅。高 112 厘米，寬 94 厘米

著録：索引 56；金石 61；北圖 17.119

法釋：Inscription funéraire de Yisugu Shenqing（599—660）.

備注：篆額及碑的上部

編號：MG22

96．尹文操碑

原名（首題）：大唐故宗聖觀主銀青光禄大夫天永尹尊師碑

員半千撰　侯少徹建

唐開元五年（717）十月

地點：陝西，盩厔，樓觀臺

舊藏：Victor Segalen, Gilbert de Voisins, Jean Lartigue

隸書

1 幅。高 262 厘米，寬 117 厘米

著録：索引 63；金石 71；北圖 21.76

法釋：Inscription funéraire de Yin Wencao（622—688）, maître vénérable（尊師）

du Louguan tai.

備注：原碑毀。元大德元年（1297）三月聶志真重摹

編號：MG646

97．乙速孤行儼碑

原名（首題）：大唐故右武衛將軍上柱國乙速孤府君碑銘并序

劉憲撰　白義晔書　徐元禮刻

唐開元十三年（725）二月

地點：陝西，昭陵

舊藏：Edouard Chavannes

隸書

1 幅。高 108 厘米，寬 90 厘米

著録：索引 66；金石 75

法釋：Inscription funéraire de Yisugu Xingyan（636—707）.

備注：篆額及碑的上部

編號：MG23

98．唐儉碑

原名（首題）：□□□□特進户部尚書贈開府上柱國莒公碑

唐開元二十九年（741）二月

地點：陝西，昭陵

舊藏：Edouard Chavannes

正書

1 幅。高 122 厘米，寬 110 厘米

著録：索引 73；金石 84；北圖 24.135

法釋：Inscription funéraire de Tang Jian（579—656）.

備注：篆額及碑的上部

編號：MG24

99. 李晟碑

原名：唐故太尉中書令西平郡王贈太師
李公神道碑銘
裴度撰　柳公權書并篆額
唐大和三年（829）四月
地點：陝西，高陵
舊藏：Henri d'Ollone
正書
1 幅。高 266 厘米，寬 126 厘米
著錄：索引 97；金石 108；北圖 30.85
法釋：Inscription funéraire de Li Sheng
（727—793）.
編號：MG885

100. 大達法師玄秘塔碑

原名：唐故左街僧錄內供奉三教談論引駕
大德安國寺上座贈紫大達法師玄祕塔碑銘
裴休撰　柳公權書　邵建和、邵建初鐫字
唐會昌元年（841）十二月
地點：陝西，西安，碑林
舊藏：Henri d'Ollone
正書
1 幅。高 230 厘米，寬 107 厘米
著錄：索引 100；金石 113；北圖 31.90；
碑林目 9.65
法釋：Inscription funéraire du maître de la
Loi Dada（727—793）.
編號：MG886

101. 瀧岡阡表

歐陽修撰并書
宋熙寧三年（1070）四月
地點：江西，永豐，鳳凰山
舊藏：Henri d'Ollone

正書
1 幅。高 165 厘米，寬 89 厘米
著錄：索引 112；金石 137；北圖 39.37
法釋：Inscription funéraire composée par
Ouyang Xiu pour son père et sa mère.
備注：滿漢印
編號：MG892

102. 重刻漢車騎將軍馮緄碑

原名（篆額）：漢故車騎將軍馮公之碑
張鈞、杜常、丁權摹字　任忠亮書丹　安
忱篆額　張棐跋
漢永康元年（167）　宋崇寧三年（1104）
三月重刊
地點：四川，渠縣
舊藏：Victor Segalen, Gilbert de Voisins et
Jean Lartigue
隸書，正書（跋）
1 幅。高 274 厘米，寬 152 厘米
著錄：索引 8；八補 109；Segalen, Art
funéraire, 279
法釋：Inscription funéraire de Feng Gun
datée de 167（永康元年）regravée à l'initiative
de Zhang Bing.
備注：篆額及碑的上部
編號：MG533

103. 重刻漢車騎將軍馮緄碑

原名（篆額）：漢故車騎將軍馮公之碑
張鈞、杜常、丁權摹字　任忠亮書丹　安
忱篆額　張棐跋
漢永康元年（167）　宋崇寧三年（1104）
三月重刊
地點：四川，渠縣

舊藏：Victor Segalen, Gilbert de Voisins et Jean Lartigue

隸書，正書（跋）

2本，1幅。高 277 厘米，寬 153 厘米

著錄：索引 8；八補 109

法釋：Inscription funéraire de Feng Gun datée de 167(永康元年)regravée à l'initiative de Zhang Bing.

編號：MG668

104．淳熙丙□年墓表

宋淳熙年間

地點：四川

舊藏：Henri d'Ollone

正書

1幅。高 42 厘米，寬 52 厘米

法釋：Inscription funéraire d'un personnage décédé en 1170.

編號：MG967

105．孫德彧道行碑

原名（首題）：皇元特授神仙演道大宗師玄門掌教輔道體仁文粹開玄真人管領諸路道教所知集賢院道教事孫公道行之碑

鄧文原撰　趙孟頫書

元元統三年（1335）九月

地點：陝西，盩厔，重陽宮

舊藏：Victor Segalen, Gilbert de Voisins et Jean Lartigue

正書

1幅。高 250 厘米，寬 111 厘米

著錄：索引 125；北圖 49.167

法釋：Inscription funéraire de Sun Deyu（1243—1321）.

編號：MG639

106．雪菴塔銘

正額：玉案祖師雪菴塔銘

述律杰撰　顏德明書　洪士淵篆蓋　智圓立石

元至正十六年（1356）十月

地點：雲南，昆明

舊藏：Henri d'Ollone

行書

1幅。高 116 厘米，寬 56 厘米

著錄：北圖 50.112

法釋：Inscription funéraire de Xue'an, supérieur du temple Yu'an.

編號：MG905

107．張飛碑

原名：漢桓侯車騎將軍張翼德之墓碑

明弘治九年（1496）十二月

地點：四川，保寧府，藍田（今閬中市）

舊藏：Victor Segalen, Gilbert de Voisins et Jean Lartigue

正書

1幅。高 240 厘米，寬 122 厘米

法釋：Inscription funéraire de Zhang Fei（張飛）, appellation Yide（？—221）.

編號：MG665

108．鳳詔碑

明嘉靖十三年（1534）

地點：雲南，祿勸

舊藏：Henri d'Ollone

正書，彝文

2 本，1 幅。高 196 厘米，寬 92 厘米
著錄：d'Ollone, Ecritures, 圖 3
法釋：Inscription funéraire de Feng Zhao.
編號：MG754

109. 馬龍神象塚碑

原名：［義勇全城］忠烈神象之塚
明天啓七年（1627）
地點：雲南，馬龍
舊藏：Henri d'Ollone
正書
1 幅。高 84 厘米，寬 54 厘米
法釋：Inscription du tertre funéraire du merveilleux éléphant ayant contribué à la victoire sur les rebelles.
編號：MG919

110. 元旦初貞喇嘛塔銘

原名：皇清圓寂元旦初貞大喇嘛□□塔
［銘］
福慧和尚撰
清康熙六年（1667）
地點：雲南，昆明
舊藏：Henri d'Ollone
正書（碑陰）　滿文（碑陽）
1 本，2 幅。高 176 厘米，寬 100 厘米；
高 180 厘米，寬 100 厘米
法釋：Inscription du stūpa funéraire du grand lama Yuandan chuzhen, originaire du Liaoning.
編號：MG922

111. 張元佐碑

原名：總鎮都督府張公諱元佐字次鄉號

□□保惠碑記
清雍正六年（1728）
地點：四川，松潘
舊藏：Henri d'Ollone
正書
1 幅。高 198 厘米，寬 98 厘米
法釋：Inscription évoquant les mérites de Zhang Yuanzuo, appellation Cixiang, commandant militaire de la région de Songpan（松潘）.
編號：MG928

112. 安奠宇及妻墓碑

清乾隆二十九年（1764）
地點：雲南，威寧
舊藏：Henri d'Ollone
正書，彝文
1 幅。高 112 厘米，寬 62 厘米
著錄：d'Ollone, Ecritures, 圖 4
法釋：Inscription funéraire de An Dianyu et de son épouse.
編號：MG758

113. 馬穎墓題字

清乾隆五十四年（1789）
地點：雲南，昆明
舊藏：Henri d'Ollone
阿拉伯文
4 幅。徑 24 厘米
著錄：d'Ollone-Vissière, Recherches sur les musulmans chinois, 184
法釋：Inscriptions du tombeau de Ma Ying（1679—1752）.
編號：MG713-716

114．馬穎墓題字
清乾隆五十四年（1789）
地點：雲南，昆明
舊藏：Henri d'Ollone
阿拉伯文
4 幅。高 62 厘米，寬 25 厘米
著録：d'Ollone-Vissière, Recherches sur les musulmans chinois, 191-193
法釋：Inscriptions du tombeau de Ma Ying（1679—1752）.
編號：MG717-720

115．摹寫王稚子墓東闕銘文并題跋
鐵蟾題跋
清乾隆年間（1736—1795）
地點：四川（？）
舊藏：Edouard Chavannes
隸書
1 幅。高 97 厘米，寬 18 厘米
著録：索引 2；金石 5
法釋：Réplique de l'inscription du pilier funéraire est de Wang Zhizi, préfet de Yanzhou（兗州）.
編號：MG812

116．阿拉伯文墓碑
清道光九年（1829）
地點：雲南，昆明
舊藏：Henri d'Ollone
阿拉伯文
5 幅。高 21 厘米，寬 27 厘米；高 22 厘米，寬 25 厘米；高 22 厘米，寬 54 厘米；高 22 厘米，寬 53 厘米；高 33 厘米，寬 63 厘米

著録：d'Ollone-Vissière, Recherches sur les musulmans chinois, 194-201
解釋：墓碑上的《古蘭經》語録。
法釋：Inscriptions tombales extraites du Coran.
編號：MG725-729

117．吊十八先生墓文
張之洞撰
清道光二十八年（1848）
地點：貴州，安龍縣，天榜山
舊藏：Henri d'Ollone
正書
1 幅。高 110 厘米，寬 180 厘米
解釋：紀念明朝十八位文人的文章。
法釋：Inscription funéraire en hommage à dix-huit lettrés des Ming.
編號：MG937

118．李業石闕跋
周樹棠撰　張香海修護
清咸豐五年（1855）八月
地點：四川，梓潼
舊藏：Victor Segalen, Gilbert de Voisins et Jean Lartigue
正書
2 本，1 幅。高 61 厘米，寬 67 厘米
著録：Segalen, Art funéraire, 107
法釋：Note sur la réinstallation de l'inscription du pilier funéraire de Li Ye des Han（partie inférieure）.
備註：見 MG538（49 號）
編號：MG539

119. 馬九淵墓碑

清光緒十二年（1886）

地點：雲南，昆明

舊藏：Henri d'Ollone

正書　阿拉伯文書額

2幅。高137厘米，寬55厘米；高37厘米，寬30厘米

著錄：d'Ollone-Vissière, Recherches sur les musulmans chinois, 168-172

法釋：Epitaphe de Ma Jiuyuan, appellation Yuting（雨亭，1838—1866）.

編號：MG721，MG723

120. 馬九淵妻墓碑

清光緒三十二年（1906）

地點：雲南，昆明

舊藏：Henri d'Ollone

正書　阿拉伯文書額

2幅。高137厘米，寬63厘米；高33厘米，寬34厘米

著錄：d'Ollone-Vissière, Recherches sur les musulmans chinois, 172-175

法釋：Epitaphe de l'épouse de Ma Jiuyuan, appellation Yuting（雨亭，1830—1906）.

編號：MG722，MG724

121. 武斑碑碑陰

原名：武氏碑

清（1644—1911）

地點：山東，嘉祥

舊藏：Edouard Chavannes

隸書

1幅。高110厘米，寬60厘米

法釋：Inscription tardive au revers de la stèle funéraire de Wu Ban datée de 147 et donnant le titre de cette stèle.

編號：MG89

122. 松潘阿訇墓額

清（1644—1911）

地點：四川，松潘

舊藏：Henri d'Ollone

阿拉伯文　質地：木

3幅。高24厘米，寬188厘米

著錄：d'Ollone-Vissière, Recherches sur les musulmans chinois, 228-229

法釋：Trois panneaux du tombeau d'un akhong né à Médine et mort en 1679.

編號：MG708-709-710

123. 巴蔓子碑

原名：東周巴國將軍蔓子之墓碑

年代不詳

地點：重慶，七星崗

舊藏：Victor Segalen, Gilbert de Voisins et Jean Lartigue

隸書

2本，1幅。高166厘米，寬31厘米

法釋：Inscription funéraire de Ba Manzi général des Royaumes combattants（4e s. A.C.）.

編號：MG666

墓誌塔銘

124. 雷詢墓誌

原名：大唐故處士陪戎副尉雷君墓誌銘

蓋題：大唐雷君墓誌之銘

唐天寶五年（746）六月

地點：陝西，郃陽

舊藏：Victor Segalen, Gilbert de Voisins, Jean Lartigue

正書　篆蓋

2 幅。高 52 厘米，寬 52 厘米

著錄：隋唐目。北京 1.187；北圖 25.103

法釋：Epitaphe de Lei Xun et de son épouse née Zhao.

備注：蓋刻十二辰

編號：MG604

125. 古衍禪師墓誌

原名：大曆三年五月五日古衍禪師墓誌

唐大曆三年（768）五月

地點：江蘇，吳縣

舊藏：Edouard Chavannes

正書

1 幅。高 32 厘米，寬 33 厘米

著錄：索引 193；八補 62；隋唐目。北大 2.7；北圖 27.68

法釋：Epitaphe du maître de dhyāna Guyan.

編號：MG352

126. 來佐本及妻常郭二氏合葬誌并蓋

原名：故來府君及夫人常氏次夫人郭氏墓銘并序

蓋題：唐故南陽郡來府君夫人誌石壹合

唐咸通十四年（873）十二月

地點：山東，兗州

舊藏：Edouard Chavannes

正書　篆蓋

2 幅。高 36 厘米，寬 26 厘米；高 32 厘米，寬 20 厘米

著錄：索引 215；八補 77；隋唐目。北大 2.155；北圖 33.124

法釋：Epitaphe de Lai Zuoben et de ses épouses nées Chang et Guo, avec couvercle.

編號：MG354-355

127. 游師雄墓誌

原名：宋故朝奉郎直龍圖閣權知陝州軍府兼管內勸農事兼提舉商虢等州兵馬巡檢公事飛騎尉賜緋魚袋借紫游公墓誌銘　張舜民撰　邵飀書　安民、安敏、姚文、安延年刻

宋紹聖四年（1097）十月

地點：陝西，西安，碑林

舊藏：Edouard Chavannes

正書

1 幅。高 112 厘米，寬 112 厘米

著錄：索引 223；金石 141；碑林目 129.833

法釋：Epitaphe de You Shixiong（1037—1097）.

編號：MG785

128．宋墓誌殘字

宋淳熙三年（1176）十二月

地點不詳

舊藏：Victor Segalen, Gilbert de Voisins, Jean Lartigue

正書

1 幅。高 43 厘米，寬 53 厘米

法釋：Fragment de l'épitaphe d'un personnage

décédé en l'année gengyin de l'ère Qiandao（1170）.

編號：MG695

129．曹公墓誌并蓋

首題：大明壽官曹公墓誌銘

蓋題：大明故思壽官曹公墓

朱憲撰　蘇崑書　顏隸篆額

明嘉靖二十八年（1549）十二月

地點不詳

正書

2 幅。高 52 厘米，寬 61 厘米；高 58 厘米，寬 60 厘米

法釋：Epitaphe du sieur Cao, avec couvercle.

編號：MG1063，1075

刻　　經

石經

130. 唐玄宗石臺孝經碑
李隆基書
唐天寶四年（745）
地點：陝西，西安，碑林
舊藏：Victor Segalen, Gilbert de Voisins, Jean Lartigue
隸書
4 幅。高 296 厘米，寬 116 厘米
著錄：索引 233；金石 87；碑林目 6.39
法釋：Stèle du Livre de la piété filiale préfacé par l'empereur Xuanzong des Tang.
編號：MG625

131. 唐玄宗石臺孝經碑
李隆基書
唐天寶四年（745）
地點：陝西，西安，碑林
隸書
4 幅。高 296 厘米，寬 118 厘米
著錄：索引 233；金石 87；碑林目 6.39
法釋：Stèle du Livre de la piété filiale préfacé par l'empereur Xuanzong des Tang.
編號：MG1066

132. 開成石經　周易
艾居晦、陳玠等書
唐開成二年（837）
地點：陝西，西安，碑林
舊藏：Edouard Chavannes（？）
正書
4 幅。高 200 厘米，寬 89 厘米；高 200 厘米，寬 84 厘米；高 200 厘米，寬 87 厘米；高 200 厘米，寬 53 厘米；
著錄：索引 232；金石 109；碑林目 8.62；華北 2.765-766
法釋：Livre des Mutations avec notes de Wang Bi: fin du j.5, j.6 et début du j.7; fin du j.9 et Zhouyi lüeli（《周易略例》）.
編號：MG1065

133. 開成石經　春秋穀梁傳
艾居晦、陳玠等書
唐開成二年（837）
地點：陝西，西安，碑林
舊藏：Edouard Chavannes
正書
15 幅。高 200 厘米，寬 96 厘米（MG203：寬 24 厘米；MG204：寬 84 厘米）
著錄：索引 232；金石 109；碑林 8.62
法釋：Printemps et automnes, tradition de Guliang.

編號：MG203-217

134．開成石經　禮記

艾居晦、陳玠等書

唐開成二年（837）

地點：陝西，西安，碑林

舊藏：Edouard Chavannes

正書

35 幅。高 200 厘米，寬 90 厘米（MG218：

寬 20 厘米；MG220：寬 52 厘米；MG221：

寬 75 厘米；MG252：寬 18 厘米）

著錄：索引 232；金石 109；碑林目 8.62

法釋：Mémoire sur les cérémonies.

編號：MG218-252

釋道經幢

135．開元寺經幢

原名：佛說六門陁羅尼經，佛頂尊勝陁

羅尼經

唐開元十六年（728）十一月

地點：陝西，隴州

舊藏：Victor Segalen, Gilbert de Voisins,

Jean Lartigue

正書

1 幅。高 184 厘米，寬 148 厘米

著錄：索引 238；金石 66

法釋：Deux dhāraṇī-sūtra sur colonne-

bannière.

編號：MG599

136．廣濟寺佛頂尊勝陁羅尼經幢

唐（618—907）

地點：陝西，昭陵

舊藏：Edouard Chavannes

行書

1 幅。高 52 厘米，寬 150 厘米

著錄：索引 250；金石 67

法釋：Dhāraṇī du Sūtra du Sinciput du

Buddha sur colonne-bannière.

備注：此以石爲鼓而周刻之

編號：MG27

137．大方廣佛華嚴經殘石

唐（618—907）（？）

地點不詳

舊藏：Edouard Chavannes

正書

2 幅，2 張。高 30 厘米，寬 26 厘米；高

31 厘米，寬 28 厘米

法釋：Deux fragments du Sūtra de

l'ornementation fleurie, trad. de Buddhabhadra,

chap. 16（T. 278）.

編號：MG347

138．三體陰符經

別名：黃帝陰符經

郭忠恕書　安祚勒

宋乾德四年（966）四月

地點：陝西，西安，碑林

舊藏：Edouard Chavannes

篆，古文，隸書

1 幅。高 142 厘米，寬 73 厘米

著錄：索引 255；金石 124；碑林目

11.86；北圖 37.13

法釋：Livre de l'union à l'obscurité en trois styles d'écriture.

編號：MG788

139. 三體陰符經

別名：黃帝陰符經

郭忠恕書　安祚勒

宋乾德四年（966）四月

地點：陝西，西安，碑林

舊藏：Henri d'Ollone

篆，古文，隸書

1 幅。高 142 厘米，寬 89 厘米

著錄：索引 255；金石 124；碑林目 11.86；北圖 37.13

法釋：Livre de l'union à l'obscurité en trois styles d'écriture.

編號：MG887

140. 佛說摩利支天經并黃帝陰符經

袁正己書　李奉桂、翟守素繪　安仁祚

刻　劉知訥施石

宋乾德六年（968）十一月

地點：陝西，西安，碑林

舊藏：Edouard Chavannes

正書

1 幅。高 108 厘米，寬 65 厘米

著錄：索引 255；金石 124；碑林目 12.88

法釋：Sūtra de Marīcī et Livre de l'union à l'obscurité，avec frontispices.

編號：MG947

141. 佛說摩利支天經并黃帝陰符經

袁正己書　李奉桂、翟守素繪　安仁祚

刻　劉知訥施石

宋乾德六年（968）十一月

地點：陝西，西安，碑林

正書

1 幅。高 129 厘米，寬 63 厘米

著錄：索引 255；金石 124；碑林目 12.88

法釋：Sūtra de Marīcī et Livre de l'union à l'obscurité，avec frontispices.

編號：MG1093

142. 佛頂尊勝陀羅尼經幢

佛陀波利翻譯　師行遷立

宋寶元二年（1039）十二月

地點：河南，龍門，潛溪寺

舊藏：Edouard Chavannes

正書

2 幅，8 張。高 112 厘米，寬 15 厘米

著錄：華北 2.324

法釋：Sūtra de la dhāraṇī de l'uṣṇīṣa du Buddha（T. 967），sur un pilier.

編號：MG509

143. 慈悲庵佛像陁羅尼幢

金天會九年（1131）　清康熙六年（1667）八月修補

地點：北京，陶然亭

舊藏：Henri d'Ollone

正書，梵文

4 幅。高 50 厘米，寬 16 厘米

著錄：索引 259

法釋：Quatre faces d'un pilier-bannière comportant des dhāraṇī.

編號：MG745

144. 梵字塔陀羅尼幢

宋（1103—1252）

地點：雲南，昆明，地藏寺

舊藏：Henri d'Ollone

梵文

2 片。4 幅。高 116 厘米，寬 33 厘米

著錄：索引 259；金石 160；L. Finot, V. Goloubew, Le Fan-tseu t'a de Yunnanfou, BEFEO, 25（1925），435-448

法釋：Quatre faces d'un pilier-bannière comportant des dhāraṇī.

編號：MG746

145. 古文道德經

高翻書　李道謙隸跋

元至元二十八年（1291）

地點：陝西，盩厔，古樓觀

舊藏：Victor Segalen, Gilbert de Voisins, Jean Lartigue

篆書

4 幅。高 216 厘米，寬 105 厘米（第四幅：高 216 厘米，寬 73 厘米）

法釋：Livre de la Voie et de la Vertu en écriture sigillaire des Yuan.

編號：MG602

146. 佛頂尊勝陀羅尼經幢

佛陀波利翻譯

宋（960—1279）（？）

地點：河南，龍門，潛溪寺

舊藏：Edouard Chavannes

正書

1 幅，8 張。高 63 厘米，寬 21 厘米

著錄：華北 2.325

法釋：Sūtra de la dhāraṇī de l'uṣṇīṣa du Buddha（T. 967），sur un pilier incomplet.

編號：MG511

147. 佛頂尊勝陀羅尼咒幢

宋（960—1279）（？）

地點：河南，龍門，潛溪寺

舊藏：Edouard Chavannes

正書

2 幅，2 張。高 27 厘米，寬 59 厘米

著錄：華北 2.325

法釋：Dhāraṇī de l'uṣṇīṣa du Buddha, sur un fragment de pilier.

編號：MG510

148. 千手千眼觀世音菩薩廣大圓滿無礙大悲心陀羅尼經

伽梵達摩翻譯

宋（960—1279）（？）

地點：河南，龍門，潛溪寺

舊藏：Edouard Chavannes

正書

2 幅，8 張。高 80 厘米，寬 15 厘米

著錄：華北 2.325

法釋：Sūtra de la dhāraṇī du cœur très compatissant, très complet et sans limitation du bodhisttva Guanyin aux mille mains et aux mille yeux（T. 967），sur un pilier incomplet.

編號：MG512

149. 道德經

元（1271—1368）

地點：陝西，盩厔，古樓觀
舊藏：Victor Segalen, Gilbert de Voisins, Jean Lartigue
正書
2幅。高180厘米，寬90厘米；高202厘米，寬97厘米
法釋：Livre de la Voie et de la Vertu.
編號：MG600，603

150. 草書心經

原名：般若波羅蜜多心經
年代不詳
孫仁跋
明成化七年（1471）九月跋
地點：陝西，西安，碑林
草書
3幅。高35厘米，寬104厘米；高35厘米，寬108厘米；高35厘米，寬18厘米
法釋：Sūtra du cœur de la Perfection de gnose calligraphié d'après Wang Xizhi（王羲之）ou Zhang Xu（張旭）.
編號：MG1059

151. 玉皇經

原名：太上洞玄靈寶高上玉皇本行集經
年代不詳
地點：雲南，昆明，玉皇閣
舊藏：Henri d'Ollone
正書
3幅。高167厘米，寬74厘米；高167厘米，寬71厘米；高165厘米，寬71厘米
法釋：Sûtra des actions de l'empereur de Jade, incomplet, avec talismans（《道藏》11）.
編號：MG857-859

152. 陁羅尼咒

年代不詳
地點不詳
正書
1幅。高157厘米，寬89厘米
法釋：Huit dhāraṇī extraites de plusieurs sūtra bouddhiques.
編號：MG1076

造　　像

153. 鮑纂造浮圖記

北魏太平真君三年（442）正月

地點不詳

舊藏：Edouard Chavannes

正書

4幅。高14厘米，寬31厘米

著録：索引264；北圖3.8

法釋：Offrande d'un stūpa de pierre et de la copie du Sūtra du grand parinirvana par Bao Zuan, avec cortèges de donateurs et deux lions.

編號：MG296

154. 蕭鸞造像記

南朝齊建元二年（480）三月

地點不詳

舊藏：MG20566

正書

1幅。高26厘米，寬10厘米

法釋：Offrande d'une statuette bouddhique par Xiao Luan.

編號：MG819B

155. 丘穆陵亮夫人尉遲造像記

北魏太和十九年（495）十一月

地點：河南，龍門，古陽洞

舊藏：Victor Segalen, Gilbert de Voisins, Jean Lartigue

正書

1幅。高66厘米，寬36厘米

著録：華北2.473（圖539，1597）；龍門298.577；北圖3.23

法釋：Offrande d'une statue de Maitreya par l'épouse de Qiumuling Liang, née Yuchi.

編號：MG571

156. 張元祖妻一弗造像記

北魏太和二十年（496）

地點：河南，龍門，古陽洞

舊藏：Victor Segalen, Gilbert de Voisins, Jean Lartigue

正書

1幅。高17厘米，寬36厘米

著録：華北2.475（圖555，1600）；龍門298.578；北圖3.31

法釋：Offrande d'une statue par Yifu, épouse de Zhang Yuanzu.

編號：MG566

157. 比丘慧成造石窟石像記

原名：始平公像一區

北魏太和二十二年（498）九月

地點：河南，龍門，古陽洞

舊藏：Victor Segalen, Gilbert de Voisins, Jean Lartigue

正書

1 幅。高 95 厘米，寬 43 厘米

著錄：華北 2.475（圖 543，1601）；龍門 298.579

法釋：Offrande d'une statue par le bhikṣu Huicheng.

編號：MG564

158. 北海王元詳造像記

北魏太和二十二年（498）九月

地點：河南，龍門，古陽洞

舊藏：Victor Segalen, Gilbert de Voisins, Jean Lartigue

正書

1 幅。高 76 厘米，寬 41 厘米

著錄：華北 2.477（圖 554）；龍門 299.580；北圖 3.40

法釋：Offrande d'une statue de Maitreya par Yuan Xiang, prince du Beihai.

編號：MG579

159. 北海王太妃高氏造像記

北魏太和年間（477—499）

地點：河南，龍門，古陽洞

舊藏：Victor Segalen, Gilbert de Voisins, Jean Lartigue

正書

1 幅。高 41 厘米，寬 20 厘米

著錄：華北 2.474（圖 550，1599）；龍門 311.680

法釋：Offrande d'une statue par la concubine impériale née Gao.

編號：MG570

160. 比丘道匠造像記

北魏太和年間（477—499）

地點：河南，龍門，古陽洞

舊藏：Victor Segalen, Gilbert de Voisins, Jean Lartigue

正書

1 幅。高 25 厘米，寬 46 厘米

著錄：華北 2.514（圖 544，1670）；龍門 311.681

法釋：Offrande de six statues par le bhikṣu Daojiang.

編號：MG567

161. 解伯達造像記

北魏太和年間（477—499）

地點：河南，龍門，古陽洞

舊藏：Victor Segalen, Gilbert de Voisins, Jean Lartigue

正書

1 幅。高 12 厘米，寬 34 厘米

著錄：華北 2.478（圖 549）；龍門 299.581；北圖 3.45

法釋：Offrande d'une statue de Maitreya par Xie Boda.

編號：MG582

162. 鄭長猷造像記

北魏景明二年（501）九月

地點：河南，龍門，古陽洞

舊藏：Victor Segalen, Gilbert de Voisins,

Jean Lartigue

正書

1 幅。高 50 厘米，寬 35 厘米

著録：華北 2.478（圖 547，1603）；龍
門 299.582；北圖 3.50

法釋：Offrande de plusieurs statues dont
une de Maitreya par Zheng Changyou et
autres.

編號：MG565

163. 孫秋生等二百人造像記

原名：邑子像

孟廣達文　蕭顯慶書

北魏景明三年（502）五月

地點：河南，龍門，古陽洞

舊藏：Victor Segalen, Gilbert de Voisins,
Jean Lartigue

正書

1 幅。高 132 厘米，寬 49 厘米

著録：華北 2.479（圖 542，1605）；龍
門 299.583

法釋：Offrande d'une statue de pierre par
Sun Qiusheng et 200 personnes.

編號：MG574

164. 高樹解佰都等三十二人造像記

北魏景明三年（502）五月

地點：河南，龍門，古陽洞

舊藏：Victor Segalen, Gilbert de Voisins,
Jean Lartigue

正書

1 幅。高 40 厘米，寬 27 厘米

著録：華北 2.481（圖 540，1606）；龍
門 300.585；北圖 3.55

法釋：Offrande d'une statue de pierre par
Gao Shu, le karmadāna Xie Baidu et 30
personnes.

編號：MG576

165. 比丘惠感造像記

北魏景明三年（502）五月

地點：河南，龍門，古陽洞

舊藏：Victor Segalen, Gilbert de Voisins,
Jean Lartigue

正書

1 幅。高 20 厘米，寬 40 厘米

著録：華北 2.479（圖 551）；龍門 300.584；
北圖 3.53

法釋：Offrande d'une image de Maitreya
par le bhikṣu Huigan.

編號：MG581

166. 廣川王祖母侯太妃造像記

北魏景明三年（502）八月

地點：河南，龍門，古陽洞

舊藏：Victor Segalen, Gilbert de Voisins,
Jean Lartigue

正書

1 幅。高 49 厘米，寬 37 厘米

著録：華北 2.482（圖 553）；龍門 301.588

法釋：Offrande d'une statue de Maitreya
par la grand-mère du prince de Guangchuan.

編號：MG563

167. 廣川王祖母侯太妃自造像記

北魏景明四年（503）十月

地點：河南，龍門，古陽洞

舊藏：Victor Segalen, Gilbert de Voisins, Jean Lartigue

正書

1 幅。高 23 厘米，寬 78 厘米

著錄：華北 2.482-483（圖 556，1608）；龍門 301.590

法釋：Offrande d'une statue de Maitreya par la grand-mère du prince de Guangchuan.

編號：MG573

168．比丘法生造像記

北魏景明四年（503）十二月

地點：河南，龍門，古陽洞

舊藏：Victor Segalen, Gilbert de Voisins, Jean Lartigue

正書

1 幅。高 35 厘米，寬 38 厘米

著錄：華北 2.483（圖 546，1609）；龍門 301.591；北圖 3.69

法釋：Offrande d'une statue par le bhikṣu Fasheng.

編號：MG568

169．王宏柳造像記

南朝梁天監四年（505）二月

地點不詳

舊藏：MG26481

正書

1 幅。高 31 厘米，寬 20 厘米

法釋：Offrande d'une statue du Buddha Śakyamuni par Wang Hongliu de Linchuan（臨川）.

編號：MG952

170．安定王元爕造像記

北魏正始四年（507）二月

地點：河南，龍門，古陽洞

舊藏：Victor Segalen, Gilbert de Voisins, Jean Lartigue

正書

1 幅。高 41 厘米，寬 27 厘米

著錄：華北 2.489（圖 563，1617）；龍門 302.599；北圖 3.86

法釋：Offrande d'une statue du Buddha par Yuan Xie, prince d'Anding.

編號：MG569

171．楊大眼爲孝文帝造石像記

原名：邑子像

北魏正始年間（504—508）

地點：河南，龍門，古陽洞

舊藏：Victor Segalen, Gilbert de Voisins, Jean Lartigue

正書

1 幅。高 92 厘米，寬 40 厘米

著錄：華北 2.486（圖 538，1614）；龍門 310.677；北圖 3.71

法釋：Offrande d'une statue par Yang Dayan en l'honneur de l'empereur.

編號：MG578

172．劉洛真造像記

北魏延昌元年（512）十一月

地點：河南，龍門，古陽洞

舊藏：Victor Segalen, Gilbert de Voisins, Jean Lartigue

正書

1 幅。高 16 厘米，寬 57 厘米

著錄：索引 267；龍門 305.623；北圖 4.4

法釋：Offrande de deux images de Maitreya par Liu Luozhen et son frère.

編號：MG694

173. 齊郡王祐造像記

北魏熙平二年（517）七月

地點：河南，龍門，古陽洞

舊藏：Victor Segalen, Gilbert de Voisins, Jean Lartigue

正書

1 幅。高 36 厘米，寬 36 厘米

著錄：華北 2.501（圖 545，1643）；龍門 306.633

法釋：Offrande d'une statue bouddhique par le prince You de la commanderie de Qi.

編號：MG577

174. 比丘尼慈香慧政造窟記

北魏神龜三年（520）三月

地點：河南，龍門，慈香窟

舊藏：Victor Segalen, Gilbert de Voisins, Jean Lartigue

正書

1 幅。高 40 厘米，寬 38 厘米

著錄：華北 2.504（圖 548）；龍門 307.640；北圖 4.78

法釋：Offrande d'une niche par les bhikṣuni Cixiang et Huizheng.

編號：MG580

175. 比丘慧榮造像記

北魏正光二年（521）十二月

地點：河南，龍門，火燒洞

舊藏：Edouard Chavannes

正書

1 幅。高 15 厘米，寬 36 厘米

著錄：索引 268；八補 13；華北 2.506；龍門 307.644；北圖 4.99

法釋：Offrande d'une image bouddhique par le bhikṣu Huirong.

編號：MG275

176. 曹望憘造像記

北魏正光六年（525）三月

地點：山東，臨淄

舊藏：Victor Segalen, Gilbert de Voisins, Jean Lartigue

正書

2 幅。高 25 厘米，寬 62 厘米

著錄：索引 269

法釋：Offrande d'une image de Maitreya par Cao Wangxi.

編號：MG596

177. 曹望憘造像記

北魏正光六年（525）三月

地點：山東，臨淄

舊藏：馬伯樂（Henri Maspero）

正書

1 幅。高 140 厘米，寬 70 厘米

著錄：索引 269

法釋：Offrande d'une image de Maitreya par Cao Wangxi.

編號：MG946

178. 駱道明造像記
北魏孝昌二年（526）六月
地點：河南，洛陽
舊藏：Edouard Chavannes
正書
1 幅。高 32 厘米，寬 30 厘米
法釋：Offrande d'une statuette de pierre par Luo Daoming.
編號：MG338

179. □昌二年十月造像
北魏□昌二年（513 或 526）十月
地點不詳
舊藏：Edouard Chavannes
正書
1 幅。高 15 厘米，寬 19 厘米
法釋：Inscription d'une date et d'un nom près du dais d'une sculpture bouddhique.
編號：MG341

180. 北魏造像記
北魏普泰元年（531）三月
地點不詳
舊藏：Edouard Chavannes
正書
1 幅。高 14 厘米，寬 40 厘米
法釋：Inscription d'offrande avec figure de buddha assis.
編號：MG329

181. 樊奴子造像記
北魏太昌元年（532）六月
地點：陝西，富平

舊藏：Edouard Chavannes
正書
4 幅。高 130 厘米，寬 36 厘米；高 140 厘米，寬 56 厘米；高 116 厘米，寬 56 厘米；高 110 厘米，寬 40 厘米
著錄：索引 270；北圖 5.165
法釋：Offrande d'une stèle bouddhique par le gouverneur 都督 Fan Nuzi: quatre faces sculptées et gravées avec représentation des donateurs et cartouches.
編號：MG276，322，323，324

182. 龍門古陽洞佛龕龕楣
北魏（約 493—534）
地點：河南，龍門，古陽洞
舊藏：Edouard Chavannes
2 幅。高 13 厘米，寬 92 厘米
法釋：Fronton d'une niche bouddhique avec buddhas et donateurs.
編號：MG260

183. 龍門普泰洞佛龕涅槃像
北魏（531—534）
地點：河南，龍門，普泰洞
舊藏：Edouard Chavannes
1 幅。高 35 厘米，寬 45 厘米
著錄：華北 2.556（圖 702）
法釋：Scène de nirvana dans une niche.
編號：MG261

184. 龍門古陽洞北壁四小龕龕楣
北魏（約 493—534）
地點：河南，龍門，古陽洞

舊藏：Edouard Chavannes

2 幅。高 68 厘米，寬 47 厘米

法釋：Encadrement de quatre niches bouddhiques de la grotte Guyang, paroi nord.

編號：MG262

185. 龍門古陽洞北壁龕楣

北魏（約 493—534）

地點：河南，龍門，古陽洞

舊藏：Edouard Chavannes

2 幅。高 32 厘米，寬 82 厘米

法釋：Fronton de niche bouddhique de la grotte Guyang, paroi nord.

編號：MG263

186. 龍門古陽洞北壁下層龕楣

北魏（約 493—534）

地點：河南，龍門，古陽洞

舊藏：Edouard Chavannes

2 幅。高 88 厘米，寬 174 厘米

法釋：Fronton de niche bouddhique de la grotte Guyang, paroi nord.

編號：MG264

187. 龍門古陽洞北壁下層複拱龕楣

北魏（約 493—534）

地點：河南，龍門，古陽洞

舊藏：Edouard Chavannes

2 幅。高 62 厘米，寬 166 厘米

法釋：Fronton et encadrement de niches bouddhiques de la grotte Guyang, paroi nord.

編號：MG265

188. 龍門古陽洞幃幕盝拱龕楣

北魏（約 493—534）

地點：河南，龍門，古陽洞

舊藏：Edouard Chavannes

正書

1 幅。高 32 厘米，寬 30 厘米

法釋：Fronton d'une niche bouddhique de la grotte Guyang, paroi sud, avec images de petits buddhas.

編號：MG266

189. 吳道奴造像記

北魏（約 493—534）

地點：河南，洛陽，古陽洞

舊藏：Edouard Chavannes

正書

1 幅。高 25 厘米，寬 15 厘米

法釋：Offrande de quatre images bouddhiques par Wu Daonu pour ses parents décédés.

編號：MG301

190. 田僧敬造像記

北魏（386—534）

地點：陝西，西安，碑林

舊藏：Edouard Chavannes

正書

1 幅。高 21 厘米，寬 70 厘米

著録：魯迅 2，2.1247

法釋：Offrande d'une statue de jade par Tian Sengjing, avec liste et effigies des donateurs de sa famille.

編號：MG316

191. 魏靈藏薛法紹等造像記

原名：釋迦像
北魏（約493—534）
地點：河南，龍門，古陽洞
舊藏：Victor Segalen, Gilbert de Voisins, Jean Lartigue
正書
1幅。高92厘米，寬42厘米
著録：華北2.487（圖541，1615）；龍門311.678
法釋：Offrande d'une statue par Wei Lingcang et Xue Fashao.
編號：MG575

192. 孫思香造像記

東魏天平四年（537）正月
地點：河南，龍門，古陽洞
舊藏：Edouard Chavannes
正書
1幅。高14厘米，寬21厘米
著録：索引272；八補7；華北2.510；龍門309.657；北圖6.40
法釋：Offrande d'une image de Guanyin par Sun Sixiang.
編號：MG300

193. 曹敬容造像記

東魏天平四年（537）七月
地點：河南，龍門，古陽洞
舊藏：Edouard Chavannes
正書

2幅。高21厘米，寬13厘米；高17厘米，寬30厘米
著録：華北2.510；龍門309.658
法釋：Offrande d'une image bouddhique par Cao Jingrong pour son épouse décédée.
編號：MG258

194. 法儀六十人等造像記

東魏元象元年（538）四月
地點不詳
舊藏：Edouard Chavannes
正書
1幅。高68厘米，寬45厘米
著録：索引273
法釋：Offrande d'une image de Śakyamuni par le fayi Zhao Fazuo（趙法祚）et soixante personnes.
編號：MG321

195. 凝禪寺三級浮圖碑頌

東魏元象二年（539）二月
地點：河北，元氏縣，凝禪寺
舊藏：Henri d'Ollone
正書，篆額
1幅。高215厘米，寬86厘米
著録：索引273；八補18
法釋：Offrande d'un stupa des Trois Degrés au monastère Ningchan.
編號：MG863

196. 道俗九十人造像碑

東魏武定元年（543）十月
地點：河南，沁陽

舊藏：MG26577

正書

1 幅。高 94 厘米，寬 79 厘米

著錄：索引 274；金石續 2；八補 19；華
北 2.589（圖 432）；北圖 6.95

法釋：Offrande d'une stèle bouddhique
par 90 personnes avec scènes de la vie du
Buddha.

編號：MG949

197．道俗九十人造像碑

東魏武定元年（543）十月

地點：河南，沁陽

舊藏：Victor Segalen, Gilbert de Voisins,
Jean Lartigue

2 幅。高 95 厘米，寬 21 厘米

著錄：索引 274；金石續 2；八補 19；北
圖 6.95

法釋：Liste de noms sur les parties latérales
d'une stèle bouddhique offerte par 90
personnes.

編號：MG605

198．常恩洛造像記

東魏武定元年（543）十二月

地點不詳

舊藏：Edouard Chavannes

正書

1 幅。高 21 厘米，寬 57 厘米

著錄：魯迅 2，2.361

法釋：Offrande d'une statue de pierre par
Chang Enluo.

編號：MG315

199．武定二年爲皇帝等造像記

東魏武定二年（544）四月

地點不詳

舊藏：Edouard Chavannes

正書

1 幅。高 8 厘米，寬 19 厘米

法釋：Offrande d'une image bouddhique
pour l'empereur et autres.

編號：MG357

200．比丘尼法容造像記

東魏武定三年（545）正月

地點不詳

舊藏：Edouard Chavannes

正書

2 本，1 幅。高 20 厘米，寬 50 厘米

法釋：Offrande d'une image du Buddha par
la bhikṣuni Farong.

編號：MG277

201．魏報德玉像七佛頌碑

東魏武定三年（545）七月

地點：河南，洛陽

舊藏：Henri d'Ollone

正書，篆額

1 幅。高 160 厘米，寬 78 厘米

著錄：索引 274

法釋：Offrande de statues de jade par le préfet
de Luozhou Tian Jing（田景）et autres.

編號：MG864

202．劉晏造像記

東魏武定三年（545）

地點不詳

舊藏：Edouard Chavannes

正書

3 本，1 幅。高 17 厘米，寬 29 厘米

著録：北圖 7.64

法釋：Offrande d'une statuette de pierre par Liu Yan.

編號：MG299

203．朱舍捨宅造寺記

東魏武定五年（547）七月

地點不詳

舊藏：Edouard Chavannes（端方）

正書

1 幅。高 30 厘米，寬 45 厘米

著録：北圖 6.144

法釋：Offrande d'un stūpa pour un monastère par Zhu She et son fils.

編號：MG278

204．杜照賢十三人等造像記

西魏大統十三年（547）十一月

地點：河南，禹縣

舊藏：Edouard Chavannes

正書

5 幅。高 53 厘米，寬 36 厘米；高 52 厘米，寬 36 厘米；高 81 厘米，寬 40 厘米；高 87 厘米，寬 40 厘米；高 88 厘米，寬 21 厘米

著録：索引 271

法釋：Trois faces d'une stèle bouddhique offerte par Du Zhaoxian et sa famille.

備注：西面（MG333），北面下部（MG333 bis），北面上部（MG334），南面上部

（MG335），東面（MG336）

編號：MG333-333 bis-334-335-336

205．褚□朋造像記

東魏武定六年（548）四月

地點不詳

舊藏：Edouard Chavannes

正書

2 本，1 幅。高 16 厘米，寬 32 厘米

法釋：Offrande d'une image de Guanyin par Chu [-] peng.

編號：MG279

206．張保洛等造像記

東魏武定七年（549）二月

地點不詳

舊藏：Edouard Chavannes

正書

2 本，1 幅。高 37 厘米，寬 31 厘米；高 37 厘米，寬 31 厘米

著録：索引 275；金石 31

法釋：Offrande d'une stèle bouddhique par Zhang Baoluo et autres.

編號：MG337

207．興化寺高嶺諸村造像記

東魏武定七年（549）四月

地點：山西，盂縣，興道村

舊藏：Edouard Chavannes

正書

1 幅。高 120 厘米，寬 57 厘米

著録：索引 275；金石續 2

法釋：Offrande d'une statue par la

communauté des croyants des villages situés à l'est de Gao Ling, avec images du Buddha et de deux assistants.

編號：MG331

208．東魏武定八年造像記

東魏武定八年（550）三月

地點不詳

舊藏：Edouard Chavannes

正書

2 本，1 幅。高 17 厘米，寬 54 厘米

法釋：Offrande bouddhique par des moines et des nonnes.

編號：MG297

209．龍門古陽洞龕楣

東魏（534—550）

地點：河南，龍門，古陽洞

舊藏：Edouard Chavannes

1 幅。高 35 厘米，寬 32 厘米

法釋：Partie gauche du fronton d'une niche bouddhique de la grotte Guyang, paroi nord et inscription d'offrande d'une image par Zhao Asi（趙阿四）.

編號：MG267

210．張龍伯兄弟造像記

北齊天保元年（550）十月

地點：河南，洛陽，存古閣

舊藏：Edouard Chavannes

正書

2 本，1 幅。高 68 厘米，寬 78 厘米

著錄：索引 277；八補 20；北圖 7.6

法釋：Offrande de six statues de pierre par Zhang Longbo et ses frères.

編號：MG332

211．天保元年造觀音像記

北齊天保元年（550）□月

地點不詳

舊藏：Edouard Chavannes

正書

1 幅。高 31 厘米，寬 16 厘米

法釋：Offrande d'une statuette de Guanyin.

編號：MG311

212．劉思祖造像記

北齊天保四年（553）八月

地點不詳

舊藏：Edouard Chavannes

正書

1 幅。高 15 厘米，寬 50 厘米

法釋：Offrande d'une image de jade et de pierre par Liu Sizu.

編號：MG280

213．北齊天保五年造盧舍那佛像記

北齊天保五年（554）五月

地點不詳

舊藏：Edouard Chavannes

正書

1 幅。高 28 厘米，寬 63 厘米

法釋：Offrande d'une statuette de Vairocana avec liste des donateurs.

編號：MG298 bis

214．崔棠夫妻造像記

北齊天保五年（554）十月

地點不詳

舊藏：Edouard Chavannes（潘鄭盦）

正書

3 本，1 幅。高 28 厘米，寬 62 厘米

著録：北圖 7.42

法釋：Offrande d'une image du Buddha par Cui Tang et son épouse.

編號：MG281

215．魯彦昌造像記

北齊天保六年（555）七月

地點不詳

舊藏：Edouard Chavannes（梁啓超，1873—1929）

正書

1 幅。高 50 厘米，寬 25 厘米

著録：北圖 7.49

法釋：Offrande d'une image bouddhique par Lu Yanchang, avec représentation du Grand compatissant et du donateur.

備注：兩大字：大慈

編號：MG283

216．孟□子造像記

北齊天保六年（555）

地點：江蘇，吳縣

舊藏：Edouard Chavannes

正書

2 幅。高 17 厘米，寬 19 厘米；高 12 厘米，寬 17 厘米

著録：北圖 7.49

法釋：Offrande d'une statuette de Guanyin en jade par Meng [-] zi.

編號：MG282

217．劉顔淵造像記

北齊天保八年（557）十二月

地點不詳

舊藏：Edouard Chavannes

正書

1 幅。高 27 厘米，寬 21 厘米

著録：北圖 7.64

法釋：Offrande d'une statuette de pierre par Liu Yanyuan, avec représentation d'un buddha et de deux bodhisattva au recto.

編號：MG298

218．比丘僧邑義等造像碑

北齊乾明元年（560）七月

地點：山東，臨沂

舊藏：Edouard Chavannes

正書

1 幅。高 110 厘米，寬 45 厘米

著録：索引 279；八補 21；北圖 7.99

法釋：Inscription d'offrande par des moines et des villageois.

編號：MG371

219．比丘尼受□等造像記

北齊太寧二年（562）四月

地點不詳

舊藏：Edouard Chavannes

正書

2 本，1 幅。高 10 厘米，寬 55 厘米

法釋：Offrande d'une image bouddhique

par la bhikṣunī Shou [-].

編號：MG360

220．李僧道造像記

北齊河清元年至三年（562—564）

地點不詳

舊藏：Edouard Chavannes

正書

2 幅。高 42 厘米，寬 28 厘米；高 37 厘米，寬 27 厘米

法釋：Offrande d'une statuette de Guanyin par Li Sengdao, avec empreinte de deux divinités.

編號：MG318

221．牛永福等造像記

北齊河清三年（564）二月

地點：江蘇，吳縣

舊藏：Edouard Chavannes（潘鄭盦）

正書

3 本，1 幅。高 21 厘米，寬 30 厘米

著錄：北圖 7.130

法釋：Offrande d'une image bouddhique en jade blanc par Niu Yongfu et autres.

編號：MG285

222．李智瑗等造像記

北齊河清三年（564）三月

地點：江蘇，吳縣

舊藏：Edouard Chavannes（潘鄭盦）

正書

2 本，1 幅。高 8 厘米，寬 30 厘米

著錄：北圖 7.136

法釋：Offrande d'une image bouddhique par Li Zhiyuan et autres.

編號：MG286

223．李絹環造像記

北齊河清三年（564）三月

地點不詳

舊藏：Edouard Chavannes

正書

1 幅。高 11 厘米，寬 33 厘米

法釋：Offrande d'une image bouddhique par Li Juanhuan.

編號：MG351

224．聖母寺四面像碑

北周保定四年（564）九月

地點：陝西，蒲城，雷村

舊藏：Edouard Chavannes

正書

1 幅。高 47 厘米，寬 62 厘米

著錄：索引 284；金石 36

法釋：Face avant d'une stèle bouddhique à quatre faces offerte par Fan Nuzi.

編號：MG325

225．李誠欽造像記

南陳光大元年（567）六月

地點不詳

舊藏：MG20566

正書

1 幅。高 17 厘米，寬 12 厘米

著錄：北圖 7.136

法釋：Offrande d'une image bouddhique

par Li Chengqin.

編號：MG819A

226. 比丘道寧造像記

北齊天統三年（567）七月

地點不詳

舊藏：Edouard Chavannes

正書

1 幅。高 37 厘米，寬 60 厘米

著錄：北圖 7.187

法釋：Offrande d'une image d'Amitayus par le bhikṣu Daoning.

編號：MG284

227. □紹邑造無量壽石像記

北齊天統五年（569）五月

地點：河南，登封

舊藏：Henri d'Ollone

正書

1 幅。高 10 厘米，寬 36 厘米

法釋：Offrande d'une statue du buddha Amitayus par [-] Shaoyong.

編號：MG865

228. 馬祠伯夫妻造像記

北齊武平二年（571）四月

地點不詳

舊藏：Edouard Chavannes

正書

2 本，1 幅。高 42 厘米，寬 30 厘米

著錄：魯迅 2.821

法釋：Offrande d'une image bouddhique de jade par Ma Cibo et son épouse.

編號：MG288

229. 自得暈禪師等五十人造像記

北齊武平三年（572）

地點不詳

舊藏：Edouard Chavannes

正書

2 本，1 幅。高 62 厘米，寬 67 厘米

著錄：北圖 8.43-45

法釋：Offrande d'une statue d'Amitabha par le maître de dhyana Yun et cinquante personnes du village de Baoshui.

備注：正面并側

編號：MG295

230. 邑義主一百人等造靈塔記

北齊武平三年（572）十二月

地點：山東，兗州

舊藏：Edouard Chavannes

正書

11 本，1 幅。高 62 厘米，寬 50 厘米

著錄：索引 282；北圖 8.41

法釋：Offrande d'un stūpa bouddhique par cent personnes.

編號：MG289

231. 趙桃椒妻劉氏造像記

北齊武平三年（572）十二月

地點：河南，登封

舊藏：Henri d'Ollone

正書

1 幅。高 53 厘米，寬 15 厘米

著錄：索引 282；金石 34

法釋：Offrande d'une statue par le général Zhao Taojiao et son épouse née Liu.

編號：MG866

232．北朝造像記

北齊（550—577）（？）

地點不詳

舊藏：Edouard Chavannes

正書

1 幅。高 37 厘米，寬 16 厘米

法釋：Offrande d'une stèle bouddhique par un haut fonctionnaire.

編號：MG339

233．王歡欣造像記

北朝（386—581）

地點：河南，龍門，蓮花洞

舊藏：Edouard Chavannes

正書

1 幅。高 18 厘米，寬 20 厘米

著錄：華北 2.433；龍門 281.408

法釋：Offrande d'une image du Buddha par Wang Huanxin pour ses parents décédés.

編號：MG257

234．常岳等百餘人造像記

北朝（386—581）

地點：河南，洛陽

舊藏：Edouard Chavannes

正書

1 幅。高 90 厘米，寬 82 厘米

著錄：索引 271；八補 16

法釋：Texte pour l'érection d'une stèle

bouddhique par plus de cent personnes dont Chang Yue.

編號：MG271

235．爲亡父母亡弟造觀世音像記

北朝（386—581）

地點：河南，龍門，古陽洞

舊藏：Edouard Chavannes

正書

1 幅。高 13 厘米，寬 15 厘米

著錄：龍門 445.2255

法釋：Offrande d'une image de Guanyin pour des parents et un frère cadet décédés.

編號：MG259

236．劉伏宜等造像記

北朝（386—581）

地點：陝西

舊藏：Victor Segalen, Gilbert de Voisins, Jean Lartigue

正書

1 幅。高 32 厘米，寬 57 厘米

法釋：Offrande d'une image du Buddha Amitayus par Liu Fuyi et autres.

編號：MG670

237．造像記

北朝（386—581）

地點不詳

舊藏：Edouard Chavannes

正書

1 幅。高 15 厘米，寬 10 厘米

法釋：Offrande de deux images bouddhiques.

编号：MG304

238．造像記

北朝（386—581）

地點不詳

舊藏：Edouard Chavannes

正書

2 本，1 幅。高 21 厘米，寬 10 厘米

法釋：Offrande d'une image bouddhique.

编號：MG305

239．田顯孫造像記

北朝（386—581）

地點不詳

舊藏：Edouard Chavannes

正書

1 幅。高 23 厘米，寬 12 厘米

法釋：Offrande d'une image bouddhique par Tian Xiansun, avec deux autres images.

编號：MG306

240．比丘僧□仰，田道義妻張迴香，田元顯造像記

北朝（386—581）

地點：河南，洛陽，龍門山

舊藏：Edouard Chavannes

正書

1 幅。高 14 厘米，寬 19 厘米

法釋：Offrande d'images bouddhiques par le bhiksu ［…］yang, Zhang Huixiang et Tian Yuanxian.

编號：MG307

241．方男勝，比丘僧紹等造像

北朝（386—581）

地點：河南，洛陽，龍門山

舊藏：Edouard Chavannes

正書

1 幅。高 17 厘米，寬 40 厘米

法釋：Offrande d'images bouddhiques par plusieurs fidèles dont Fang Nansheng et le bhiksu Sengshao.

编號：MG309

242．爲亡父母造像

北朝（386—581）

地點不詳

舊藏：Edouard Chavannes

正書

1 幅。高 22 厘米，寬 31 厘米

法釋：Offrande d'une image bouddhique pour des parents décédés.

编號：MG310

243．造像題名

北朝（386—581）

地點不詳

舊藏：Edouard Chavannes

正書

1 幅。高 112 厘米，寬 46 厘米

法釋：Liste de donateurs sur une face d'une stèle bouddhique à quatre côtés, avec images d'un buddha et ses assistants et de cinq divinités.

编號：MG312

244. 造像題名
北朝（386—581）
地點不詳
舊藏：Edouard Chavannes
正書
1 幅。高 110 厘米，寬 31 厘米
法釋：Liste de donateurs sur une face d'une stèle bouddhique, avec images d'un buddha et deux assistants.
編號：MG313

245. 造像題名
北朝（386—581）
地點不詳
舊藏：Edouard Chavannes
正書
1 幅。高 92 厘米，寬 58 厘米
法釋：Liste de donateurs sur une face d'une stèle bouddhique.
編號：MG314

246. 造像題名
北朝（386—581）
地點不詳
舊藏：Edouard Chavannes
正書
3 本，1 幅。高 15 厘米，寬 25 厘米
法釋：Effigies de trois donatrices avec leurs noms.
編號：MG317

247. 佛像
北朝（386—581）

地點不詳
舊藏：Edouard Chavannes
1 幅。高 26 厘米，寬 22 厘米
法釋：Empreinte d'une image de buddha debout.
編號：MG319

248. 佛像
北朝（386—581）
地點不詳
舊藏：Edouard Chavannes
1 幅。高 26 厘米，寬 14 厘米
法釋：Empreinte d'une image de buddha assis sur un lotus.
編號：MG320

249. 北朝造像記
北朝（386—581）
地點不詳
舊藏：Edouard Chavannes
正書
1 幅。高 19 厘米，寬 160 厘米
法釋：Offrande d'une image bouddhique, avec liste des donateurs.
備注：有十五日丁亥字
編號：MG349

250. 陽公寺僧智景造像記
北朝（386—581）
地點不詳
舊藏：Edouard Chavannes
正書
1 幅。高 5 厘米，寬 33 厘米

法釋：Offrande d'une image bouddhique
par le moine Zhijing.

編號：MG359

251．比丘曇變等造像記

北朝（386—581）

地點不詳

舊藏：Edouard Chavannes

正書

2本，1幅。高 20 厘米，寬 24 厘米

法釋：Offrande d'images bouddhiques par
le bhikṣu Tanbian et un certain Wan Daizu
（萬待祖）.

編號：MG364

252．北朝造像記

北朝（386—581）（？）

地點不詳

舊藏：Edouard Chavannes

正書

1幅。高 11 厘米，寬 106 厘米

法釋：Offrande d'une image bouddhique,
avec liste des donateurs.

編號：MG350

253．造像殘石

北朝（386—581）（？）

地點不詳

舊藏：Edouard Chavannes

正書

1幅。高 36 厘米，寬 15 厘米

法釋：Extrait d'un texte bouddhique sur une
stèle où figure un buddha.

編號：MG340

254．千佛像石

北朝（386—581）（？）

地點不詳

舊藏：Edouard Chavannes

3幅。高 110 厘米，寬 148 厘米；高 110 厘米，
寬 62 厘米；高 110 厘米，寬 86 厘米

法釋：Trois faces d'images des mille
buddhas d'une stèle bouddhique.

編號：MG342-343-344

255．佛像石

北朝（386—581）（？）

地點不詳

舊藏：Edouard Chavannes

1幅。高 182 厘米，寬 39 厘米

法釋：Images bouddhiques d'une stèle.

編號：MG345

256．世尊去世傳法聖師造像

隋開皇九年（589）

地點：河南，安陽，靈泉寺

舊藏：Victor Segalen, Gilbert de Voisins,
Jean Lartigue

正書

1幅。高 174 厘米，寬 62 厘米

法釋：Inscription illustrée des 24 maîtres
ayant répandu la Loi après le décès du
Buddha.

編號：MG597

257. 兩法村法儀廿一人造橋碑

隋開皇九年（589）十二月

地點：山東，臨沂，蘭山

舊藏：Edouard Chavannes

正書

1 幅。高 68 厘米，寬 78 厘米

著録：北圖 9.49

法釋：Inscription d'offrande d'un pont par 21 personnes de deux villages.

編號：MG378

258. 諸葛子恒等造像頌

隋開皇十三年（593）四月

地點：山東，臨沂

舊藏：Edouard Chavannes

正書

1 幅。高 110 厘米，寬 70 厘米

著録：索引 288；八補 25；北圖 9.84

法釋：Inscription d'offrande par Zhuge Ziheng et autres.

編號：MG370

259. 密長盛等造橋碑

隋開皇二十年（600）十二月

地點：山東，臨沂，蘭山

舊藏：Edouard Chavannes

正書

2 幅。高 80 厘米，寬 60 厘米；高 72 厘米，寬 59 厘米

著録：北圖 9.133-134

法釋：Inscription d'offrande d'un pont par Mi Changsheng et autres（avers et revers）.

編號：MG373，377

260. 大隋皇帝舍利塔銘

隋仁壽四年（604）

地點：四川，梓州，牛頭山寺

舊藏：Henri d'Ollone

正書

1 幅。高 72 厘米，寬 45 厘米

著録：索引 290

法釋：Offrande d'un stūpa reliquaire pour l'empereur fondateur de la dynastie Sui.

備注：清光緒二十六年何麟跋

編號：MG867

261. 西山觀玉女泉龕造像

隋大業六年（610）二月

地點：四川，綿陽，玉女泉

舊藏：Victor Segalen, Gilbert de Voisins, Jean Lartigue, MG20570-20571

正書

2 幅。高 132 厘米，寬 61 厘米；高 111 厘米，寬 68 厘米

法釋：Deux groupes de donateurs d'une niche taoïque de la falaise de la Source de la fille de jade.

編號：MG821-822

262. 黄法暾造像記

隋大業六年（610）十二月

地點：四川，綿陽

舊藏：Henri d'Ollone

正書

2 本，1 幅。高 23 厘米，寬 17 厘米

著録：索引 291；八補 27

法釋：Offrande d'une niche de Tianzun par le taoïste Huang Fatun.

編號：MG954

263. 文托生母造像記

隋大業十年（614）正月

地點：四川，綿陽，西山觀

舊藏：Victor Segalen, Gilbert de Voisins, Jean Lartigue

正書

1 幅。高 19 厘米，寬 35 厘米

著錄：索引 291；八補 27

法釋：Offrande d'une image d'un Vénérable céleste par la mère de Wen Tuosheng.

編號：MG697

264. 文托生母造像記

隋大業十年（614）正月

地點：四川，綿陽，西山觀

舊藏：Henri d'Ollone

正書

1 幅。高 15 厘米，寬 34 厘米

著錄：索引 291；八補 27

法釋：Offrande d'une image d'un Vénérable céleste par la mère de Wen Tuosheng.

編號：MG957

265. 唐雍州牧魏王泰造石窟記

篆額：伊闕佛龕之碑

岑文本撰　褚遂良書

唐貞觀十五年（641）十一月

地點：河南，龍門，賓陽洞

舊藏：Edouard Chavannes

正書

2 本，1 幅。高 284 厘米，寬 154 厘米

著錄：索引 293；金石 45；華北 2.332-342（圖 656）；龍門 321.803；北圖 11.101

法釋：Inscription concernant l'aménagement de la grotte Binyang à Longmen.

編號：MG524

266. 唐雍州牧魏王泰造石窟記

篆額：伊闕佛龕之碑

岑文本撰　褚遂良書

唐貞觀十五年 (641) 十一月

地點：河南，龍門，賓陽洞

舊藏：Victor Segalen, Gilbert de Voisins, Jean Lartigue

正書

1 幅。高 253 厘米，寬 172 厘米；高 35 厘米，寬 49 厘米

著錄：索引 293；金石 45；華北 2.332-342（圖 656）；龍門 321.803；北圖 11.101

法釋：Inscription concernant l'aménagement de la grotte Binyang à Longmen.

編號：MG583

267. 伊闕佛龕碑碑額

褚遂良書

唐貞觀十五年（641）

地點：河南，龍門，賓陽洞

舊藏：Victor Segalen, Gilbert de Voisins, Jean Lartigue

篆書

1 幅。高 36 厘米，寬 50 厘米

著錄：索引 293；金石 45；華北 2.332-342（圖 656）；龍門 321.803

法釋：Fronton de l'inscription concernant l'aménagement de la grotte Binyang à

Longmen.

編號：MG700

268. 王弘達造像記

原名（篆額）：王君之碑

唐龍朔三年（663）正月

地點不詳

舊藏：Edouard Chavannes

正書

2 本，1 幅。高 55 厘米，寬 28 厘米

著錄：索引 297；北圖 14.56

法釋：Offrande d'une statuette de pierre par Wang Hongda.

編號：MG291

269. 高延貴造像記

武周長安三年（703）七月

地點：陝西，西安，華塔寺大殿

舊藏：Edouard Chavannes

正書

1 幅。高 82 厘米，寬 57 厘米

著錄：索引 303；金石 65；北圖 19.71

法釋：Offrande d'une statue d'un buddha et deux bodhisattva par Gao Yangui avec effigies.

編號：MG292 bis

270. 姚元之造像記

武周長安三年（703）九月

地點：陝西，西安，華塔寺大殿

舊藏：Edouard Chavannes

正書

1 幅。高 120 厘米，寬 50 厘米

著錄：索引 304；金石 65；北圖 19.79

法釋：Offrande de deux statues bouddhiques par Yao Yuanzhi avec effigies.

編號：MG292

271. 韋均造像記

武周長安三年（703）九月

地點：陝西，西安，華塔寺大殿

舊藏：Edouard Chavannes

正書

1 幅。高 110 厘米，寬 62 厘米

著錄：索引 304；金石 65；北圖 19.77

法釋：Offrande d'une statue d'un buddha et deux bodhisattva par Wei Jun avec effigie.

編號：MG293 bis

272. 姚元景造像記

武周長安四年（704）九月

地點：陝西，西安，華塔寺

舊藏：Edouard Chavannes

正書

1 幅。高 108 厘米，寬 73 厘米

著錄：索引 304；金石 65；北圖 19.114

法釋：Offrande d'une statue bouddhique par Yao Yuanjing avec effigie.

編號：MG293

273. 楊思勖新莊銘

原名：楊將軍新莊像銘

唐開元十二年（724）十月

地點：陝西，西安，寶慶寺

舊藏：Edouard Chavannes

正書

1 幅。高 110 厘米，寬 62 厘米
著録：索引 307
法釋：Offrande d'une statue d'un buddha et deux bodhisattva par le général Yang avec effigie.
編號：MG294

274．楊思勗花臺銘
原名：虢國公楊花臺銘
申屠液撰
唐開元十二年（724）十月
地點：陝西，西安，華塔寺
舊藏：Edouard Chavannes
正書
1 幅。高 110 厘米，寬 62 厘米
著録：索引 307；金石 75；北圖 22.58
法釋：Offrande d'une statue d'un buddha et deux bodhisattva par Yang Sixu, duc de Guoguo.
編號：MG294 bis

275．千佛崖彌勒像記
唐開元二十七年（739）
地點：四川，廣元，千佛崖
舊藏：Victor Segalen, Gilbert de Voisins, Jean Lartigue
正書
1 幅。高 43 厘米，寬 45 厘米
法釋：Offrande d'une image de Maitreya.
編號：MG693

276．廣元千佛崖唐開元廿七年造像記

唐開元二十七年（739）
地點：四川，廣元，千佛崖
舊藏：Henri d'Ollone
正書
1 幅。高 42 厘米，寬 46 厘米
法釋：Offrande bouddhique.
編號：MG981

277．西山三洞弟子文□造像記
唐至德二年（757）三月
地點：四川，綿陽，西山觀
舊藏：Victor Segalen, Gilbert de Voisins, Jean Lartigue
正書
1 幅。高 35 厘米，寬 16 厘米
著録：索引 310；八補 59
法釋：Offrande d'une image d'un Vénérable céleste par le disciple des Trois Grottes Wen [-].
編號：MG698

278．西山三洞弟子文□造像記
唐至德二年（757）三月
地點：四川，綿陽，西山觀
舊藏：Henri d'Ollone
正書
2 本，1 幅。高 33 厘米，寬 13 厘米
著録：索引 310；八補 59
法釋：Offrande d'une image d'un Vénérable céleste par le disciple des Trois Grottes Wen [-].
編號：MG955

279．救苦觀世音菩薩像銘
唐乾元二年（759）正月

地點：四川，巴中，南龕
舊藏：Henri d'Ollone
正書
1 幅。高 156 厘米，寬 66 厘米
著錄：索引 539
法釋：Offrande d'une statue de Guanyin par le préfet de Bazhou, Shi Yanwu（史嚴武）.
編號：MG969

280. 造天尊老君像記

唐咸通十二年（871）三月

地點：四川，綿陽，西山觀
舊藏：Victor Segalen, Gilbert de Voisins, Jean Lartigue
正書
1 幅。高 40 厘米，寬 15 厘米
法釋：Offrande d'une image d'un Vénérable céleste.
編號：MG696

281. 造天尊老君像記

唐咸通十二年（871）三月

地點：四川，綿陽，西山觀
正書
1 幅。高 44 厘米，寬 13 厘米
法釋：Offrande d'une image d'un Vénérable céleste.
編號：MG953

282. 趙大娘等造像記

唐（618—907）

地點：河南，龍門，古陽洞
舊藏：Edouard Chavannes

正書
1 幅。高 45 厘米，寬 84 厘米
著錄：龍門 314.725
法釋：Suite de petites niches bouddhiques accompagnées d'inscriptions d'offrande, dont une de Zhao Daniang.
編號：MG268

283. 馬思賢造像記

唐（618—907）

地點：河南，洛陽，龍門山
舊藏：Edouard Chavannes
正書
1 幅。高 14 厘米，寬 18 厘米
法釋：Offrande de sept images bouddhiques par Ma Sixian.
編號：MG302

284. 郭九娘造像記

唐（618—907）

地點：河南，洛陽，龍門山
舊藏：Edouard Chavannes
正書
1 幅。高 15 厘米，寬 19 厘米
著錄：索引 320；八補 33
法釋：Offrande de deux images bouddhiques par la 9e fille Guo.
編號：MG303

285. 麻令婆等造像

唐（618—907）

地點：河南，洛陽，龍門山
舊藏：Edouard Chavannes

正書

1 幅。高 17 厘米，寬 40 厘米

法釋：Effigies de donateurs d'images bouddhiques dont Ma Lingpo et Chao Fei （朝妃）.

編號：MG308

286．法門寺尉遲氏造像殘石

唐（618—907）

地點：陝西，扶風

舊藏：Edouard Chavannes

正書

1 幅。高 24 厘米，寬 98 厘米

著録：索引 312；八補 78

法釋：Effigies de donateurs de la famille Yuchi.

編號：MG326

287．唐代造像記

唐（618—907）

地點：河南，仙州，葉縣（？）

舊藏：Edouard Chavannes

正書

1 幅。高 24 厘米，寬 21 厘米

法釋：Buddha assis sur un lotus avec inscription d'offrande.

編號：MG327

288．唐代造像記

唐（618—907）

地點不詳

舊藏：Edouard Chavannes

正書

1 幅。高 28 厘米，寬 42 厘米

法釋：Buddha assis avec inscription d'offrande.

編號：MG328

289．大般涅盤經偈

唐（618—907）

地點不詳

舊藏：Edouard Chavannes

正書

3 本，1 幅。高 48 厘米，寬 41 厘米

法釋：Gāthā du Sūtra de Grand parinirvāṇa.

編號：MG358

290．韓曳雲司徒端等造像記

唐（618—907）

地點：河南，龍門，老龍洞

舊藏：Victor Segalen, Gilbert de Voisins, Jean Lartigue

正書

1 幅。高 64 厘米，寬 43 厘米

著録：華北 2.391（圖 625，313）；龍門 274.338

法釋：Offrande d'une niche au nord de la statue d'Udayana et d'une niche au sud par le situ Duan et autres.

編號：MG572

291．文寶□造天尊像記

唐□□八年（618—907）

地點：四川，綿陽，西山觀

舊藏：Victor Segalen, Gilbert de Voisins, Jean Lartigue

正書

1 幅。高 23 厘米，寬 21 厘米

法釋：Offrande d'une image d'un Vénérable céleste par Wen Bao [-].

編號：MG699

292．文□胤造像記

唐（618—907）

地點：四川，綿陽，西山觀

舊藏：Henri d'Ollone

正書

2 本，1 幅。高 21 厘米，寬 20 厘米

著録：八補 59

法釋：Offrande d'une niche de Vénérable céleste par Wen [-] yin.

編號：MG956

293．佛像座

唐（618—907）（？）

地點不詳

舊藏：Edouard Chavannes

1 幅。高 29 厘米，寬 32 厘米

法釋：Base d'une statue bouddhique: lotus, deux lions et deux divinités.

編號：MG330

294．心經并造像記

唐（618—907）（？）

地點不詳

舊藏：Edouard Chavannes

正書

2 本，1 幅。高 55 厘米，寬 60 厘米

法釋：Offrande d'une image bouddhique

avec dhāraṇī et texte du Sūtra du cœur de la perfection de gnose, （《般若波羅蜜多心經》）．

編號：MG353

295．爲亡妻鄧氏造像記

唐（618—907）（？）

地點不詳

舊藏：Edouard Chavannes

正書

1 幅。高 19 厘米，寬 46 厘米

法釋：Offrande d'une image bouddhique pour une épouse décédée, née Deng.

編號：MG363

296．造像題名

唐（618—907）（？）

地點不詳

舊藏：Edouard Chavannes

正書

1 幅。高 120 厘米，寬 72 厘米

法釋：Deux listes de donateurs d'images bouddhiques, avec images de deux cavaliers au registre supérieur.

編號：MG366

297．千佛像石

唐（618—907）（？）

地點不詳

舊藏：Edouard Chavannes

正書

1 幅。高 110 厘米，寬 150 厘米

法釋：Liste de donateurs accompagnant

deux rangées de cinq niches bouddhiques.

編號：MG367

298．造像題名

唐（618—907）（？ ）

地點不詳

舊藏：Edouard Chavannes

正書

1 幅。高 18 厘米，寬 29 厘米

法釋：Liste de donateurs d'une image bouddhique.

編號：MG365

299．佛像石

唐（618—907）（？ ）

地點不詳

舊藏：Edouard Chavannes

正書

1 幅。高 112 厘米，寬 47 厘米

法釋：Face nord d'une stèle bouddhique avec liste de donateurs au-dessous de l'image d'un buddha avec quatre bodhisattva et au dessous un buddha avec quatre personnages assis.

編號：MG369

300．佛像石

唐（618—907）（？ ）

地點不詳

舊藏：Edouard Chavannes

正書

1 幅。高 86 厘米，寬 40 厘米

法釋：Face nord d'une stèle bouddhique

avec liste de donateurs au-dessous de l'image d'un buddha avec quatre bodhisattva et au dessous un buddha avec quatre personnages assis.

編號：MG389

301．佛像石

唐（618—907）（？ ）

地點不詳

舊藏：Edouard Chavannes

正書

1 幅。高 112 厘米，寬 28 厘米

法釋：Face d'une stèle bouddhique avec inscription d'offrande et effigies du buddha et de deux assistants.

編號：MG372

302．佛像石

唐（618—907）（？ ）

地點不詳

舊藏：Edouard Chavannes

正書

1 幅。高 110 厘米，寬 40 厘米

法釋：Face d'une stèle bouddhique avec inscription d'offrande et effigies du buddha et de deux assistants.

編號：MG374

303．佛像石

唐（618—907）（？ ）

地點不詳

舊藏：Edouard Chavannes

正書

1 幅。高 123 厘米，寬 40 厘米

法釋：Face d'une stèle bouddhique avec inscription d'offrande et effigies du buddha et de deux assistants.

編號：MG375

304．造像題名

唐（618—907）（？）

地點不詳

舊藏：Edouard Chavannes

正書

1 幅。高 85 厘米，寬 41 厘米

法釋：Liste de donateurs d'une image bouddhique.

編號：MG376

305．楊偃等造像記

後唐天成三年（928）

地點：河北，邢臺，隆堯縣

舊藏：Edouard Chavannes

正書

1 幅。高 20 厘米，寬 62 厘米

法釋：Offrande pour la construction d'un hall et la restauration d'une statue d'arhat par le disciple Yang Yan et autres.

編號：MG381A

306．趙弘珪等造像記

後唐天成四年（929）三月

地點：河北，邢臺，隆堯縣

舊藏：Edouard Chavannes

正書

3 本，1 幅。高 24 厘米，寬 61 厘米

法釋：Offrande d'une statue d'arhat par Zhao Honggui et autres.

編號：MG382

307．邢州堯山縣宣務鄉造像記

後唐天成四年（929）三月

地點：河北，邢臺，隆堯縣

舊藏：Edouard Chavannes

正書

2 本，1 幅。高 24 厘米，寬 96 厘米

法釋：Inscription d'offrande avec liste de donateurs du Yaoshan.

編號：MG384

308．邢州堯山縣宣務鄉造像記

後唐天成四年（929）三月

地點：河北，邢臺，隆堯縣

舊藏：Edouard Chavannes

正書

2 本，1 幅。高 24 厘米，寬 99 厘米

法釋：Offrande pour la construction d'une salle et la réparation d'une statue, avec liste des donateurs.

編號：MG385

309．邢州堯山縣宣務鄉造像記

後唐天成四年（929）三月

地點：河北，邢臺，隆堯縣

舊藏：Edouard Chavannes

正書

1 幅。高 24 厘米，寬 96 厘米

法釋：Inscription d'offrande avec liste de donateurs du Yaoshan.

編號：MG386

310. 邢州堯山縣宣務鄉造像記

後唐天成四年（929）四月

地點：河北，邢臺，隆堯縣

舊藏：Edouard Chavannes

正書

1 幅。高 22 厘米，寬 63 厘米

法釋：Inscription d'offrande avec liste de donateurs du Yaoshan.

編號：MG381B

311. 邢州堯山縣宣務鄉造像記

後唐天成四年（929）四月

地點：河北，邢臺，隆堯縣

舊藏：Edouard Chavannes

正書

1 幅。高 23 厘米，寬 84 厘米

法釋：Inscription d'offrande avec liste de donateurs du Yaoshan.

編號：MG383

312. 柳仲舒重粧佛龕題記

宋慶曆六年（1046）

地點：四川，巴中，南龕

舊藏：Henri d'Ollone

正書

2 本，1 幅。高 41 厘米，寬 25 厘米

法釋：Restauration d'une niche bouddhique par Liu Zhongshu.

編號：MG978

313. 崔嶧與郭諮粧佛龕題記

宋慶曆六年（1046）

地點：四川，巴中，南龕

舊藏：Henri d'Ollone

隸書

2 本，1 幅。高 41 厘米，寬 24 厘米

法釋：Offrande d'une niche bouddhique par Cui Yi et Guo Zi.

編號：MG979

314. 合家建塔題記

宋建炎三年（1129）

地點：四川，成都，雲頂山

舊藏：Henri d'Ollone

正書

2 本，1 幅。高 97 厘米，寬 49 厘米

法釋：Offrande d'un stūpa par les membres d'une même famille.

編號：MG980

315. 雲頂山造塔像記

宋紹興元年（1131）五月

地點：四川，成都，雲頂山

舊藏：Henri d'Ollone

正書

2 本，2 幅。高 134 厘米，寬 50 厘米；
高 134 厘米，寬 50 厘米

法釋：Offrandes de stūpa bouddhiques pour des religieux ascètes.

編號：MG958，MG968

316. 巴南守楊檠造像記

宋淳熙元年（1174）六月

地點：四川，巴中，南龕
舊藏：Henri d'Ollone
正書
1 幅。高 250 厘米，寬 52 厘米
法釋：Offrande d'une statue de Guanyin par le préfet de Banan, Yang Gai.
編號：MG971

317. 敬謁佛像題記

元延祐六年（1319）四月
揚郝獻書　魏肇刊
地點：河北
舊藏：Edouard Chavannes
正書
2 本，1 幅。高 22 厘米，寬 48 厘米
法釋：Inscription pour la visite de personnes venues vénérer une statue bouddhique.
編號：MG380

318. 造佛像一龕記

明景泰六年（1455）十月
地點：四川，巴中，南龕
舊藏：Henri d'Ollone
正書
2 本，1 幅。高 42 厘米，寬 23 厘米
法釋：Offrande d'une niche avec une image bouddhique.
編號：MG977

319. 清康熙二十五年造像記

清康熙二十五年（1686）
地點：四川（？）

舊藏：Henri d'Ollone
正書
1 幅。高 40 厘米，寬 26 厘米
法釋：Offrande d'une statue bouddhique.
編號：MG982

320. 邑義主一百人等造靈塔記并跋

清乾隆五十九年（1794）十一月
地點：山東，兗州
舊藏：Edouard Chavannes
正書
6 本，1 幅。高 44 厘米，寬 60 厘米
法釋：Copie par Ruan Yuan（阮元，1764—1849）de l'inscription d'offrande d'un stūpa bouddhique par cent personnes datée de 572.
備注：見 MG289（230 號）邑義主一百人等造靈塔記
編號：MG290

321. 造像題名

年代不詳
地點不詳
舊藏：Edouard Chavannes
正書
2 幅。高 18 厘米，寬 26 厘米；高 14 厘米，寬 22 厘米
法釋：Liste de karmadana, donateurs d'une stèle bouddhique.
編號：MG346，MG361

322. 造像題名

年代不詳
地點不詳

舊藏：Edouard Chavannes

正書

3 幅。高 19 厘米，寬 62 厘米；高 19 厘米，寬 62 厘米；高 19 厘米，寬 62 厘米

法釋：Liste de donateurs d'une stèle bouddhique, notamment de la famille Geng（耿）.

編號：MG348

323．造像題名

年代不詳

地點不詳

舊藏：Edouard Chavannes

正書

3 幅。高 10 厘米，寬 30 厘米；高 10 厘米，寬 17 厘米；高 10 厘米，寬 14 厘米

法釋：Liste de donateurs d'une image bouddhique.

編號：MG356

324．造像題名

年代不詳

地點不詳

舊藏：Edouard Chavannes

正書

1 幅。高 14 厘米，寬 18 厘米

法釋：Offrande d'une image bouddhique avec liste de karmadana donateurs.

編號：MG362

325．造像題名

年代不詳

地點不詳

舊藏：Edouard Chavannes

正書

1 幅。高 28 厘米，寬 90 厘米

法釋：Offrande d'une image bouddhique avec liste de donateurs.

編號：MG368

雜　　刻

326. 萊子侯刻石

新莽天鳳三年（16）二月
清嘉慶二十二年（1817）題跋　顏逢甲記　孫生容行書題記
地點：山東，鄒縣，孟子廟
舊藏：Edouard Chavannes
隸書
1 幅。高 36 厘米，寬 63 厘米
著錄：索引 485；金石續 1；北圖 1.19
法釋：Inscription dite de Laizi hou.
編號：MG808

327. 韓勑造孔廟禮器碑

東漢永壽二年（156）七月
地點：山東，曲阜，孔廟
舊藏：Edouard Chavannes
隸書
4 幅。高 168 厘米，寬 75 厘米；高 168 厘米，寬 75 厘米；高 168 厘米，寬 28 厘米；高 168 厘米，寬 28 厘米
著錄：索引 489；金石 9；北圖 1.110
法釋：Enregistrement par Han Lai des objets rituels du temple de Confucius.
備注：碑有陽陰及兩側
編號：MG794

328. 西嶽華山廟碑

篆額：西嶽華山廟碑
郭香察書
東漢延熹八年（165）四月；清道光十六年（1836）重刻
地點：陝西，華陰，西嶽廟
舊藏：Edouard Chavannes
隸書
1 幅。高 200 厘米，寬 96 厘米
著錄：索引 491；金石 11；華北 2.755；華山 4
法釋：Inscription commémorant les sacrifices rendus au mont Hua, pic de l'Ouest: réplique de la stèle originale.
備注：阮元重刻 有跋
編號：MG272

329. 西嶽華山廟碑

篆額：西嶽華山廟碑
郭香察書
東漢延熹八年（165）四月；清道光十六年（1836）重刻
地點：陝西，華陰，西嶽廟
舊藏：Victor Segalen, Gilbert de Voisins, Jean Lartigue
隸書
1 幅。高 195 厘米，寬 92 厘米

著録：索引 491；金石 11；華山 4

法釋：Inscription commémorant les sacrifices rendus au mont Hua, pic de l'Ouest: réplique de la stèle originale.

編號：MG589

330. 史晨後碑

東漢建寧二年（169）

地點：山東，曲阜，孔廟

舊藏：Edouard Chavannes

隸書

1 幅。高 160 厘米，寬 80 厘米

著録：索引 493；金石 13；北圖 1.137

法釋：Rituel effectué par Shi Chen au temple de Confucius.

編號：MG796

331. 武都太守等題名殘碑陰

東漢（25—220）

地點：陝西，華陰，西嶽廟（現在西安碑林）

舊藏：Victor Segalen, Gilbert de Voisins, Jean Lartigue

隸書

1 幅。高 99 厘米，寬 32 厘米

著録：金石 11；碑林目 1.6；華山 5

法釋：Liste de noms de personnes au revers d'une stèle du mont Hua, pic de l'Ouest.

編號：MG584

332. 受禪表

曹魏黄初元年（220）十月

地點：河南，許昌

舊藏：Henri d'Ollone

隸書

1 幅。高 166 厘米，寬 105 厘米

著録：索引 499；金石 23

法釋：Inscription de réception de la dignité impériale par Cao Pi（曹丕）.

編號：MG860

333. 西嶽華山神廟碑

万紐于瑾撰　趙文淵書

北周天和二年（567）十月

地點：陝西，華陰，西嶽廟

舊藏：Victor Segalen, Gilbert de Voisins, Jean Lartigue

隸書　篆額

1 幅。高 280 厘米，寬 108 厘米

著録：索引 509；金石 37；華山 21

法釋：Inscription d'éloge du mont Hua.

編號：MG588

334. 九成宮醴泉銘

魏徵撰　歐陽詢書

唐貞觀六年（632）四月

地點：陝西，麟游

舊藏：Henri d'Ollone

正書，翻刻　質地：木

1 幅。高 181 厘米，寬 88 厘米

著録：索引 515；金石 43；北圖 11.39

法釋：Inscription de la source de vin doux au palais Jiucheng.

編號：MG868

335. 姜行本碑

原名：大唐左屯衛將軍姜行本勒石之紀文

司馬太真撰
唐貞觀十四年（640）六月
地點：新疆，哈密
舊藏：Henri d'Ollone
正書
1 幅。高 165 厘米，寬 61 厘米
著録：索引 41；金石 45；北圖 11.86；
Chavannes, Dix inscriptions, 25
法釋：Eloge funèbre du général Jiang Xingben.
編號：MG870

336. 摹刻姜行本碑

司馬太真撰
唐貞觀十四年（640）六月
地點不詳
舊藏：Henri d'Ollone
正書
1 幅。高 168 厘米，寬 62 厘米
法釋：Réplique de l'inscription de l'éloge funèbre du général Jiang Xingben.
備注：原刻拓本 MG870（813 號）
編號：MG869

337. 晋祠銘

原名：晋祠之銘并序
唐太宗李世民撰并書
唐貞觀二十年（646）正月
地點：山西，太原，晋祠
舊藏：Henri d'Ollone
行書
1 幅。高 186 厘米，寬 116 厘米
著録：索引 516；金石 46
法釋：Inscription du sanctuaire de Tang

Shuyu （唐叔虞）, fils du roi Wu （武） des Zhou.
編號：MG871

338. 雁塔三藏聖教序

原名：大唐太宗文皇帝製三藏聖教序
唐太宗李世民、唐高宗李治撰　褚遂良書　萬文昭刻
唐永徽四年（653）十月
地點：陝西，西安，大雁塔
舊藏：Victor Segalen, Gilbert de Voisins, Jean Lartigue
正書
1 幅。高 148 厘米，寬 95 厘米
著録：索引 516；金石 49
法釋：Préface aux Saints enseignements des Trois corbeilles.
編號：MG637

339. 雁塔三藏聖教序

原名：大唐太宗文皇帝製三藏聖教序
唐太宗李世民、唐高宗李治撰　褚遂良書　萬文昭刻
唐永徽四年（653）十月
地點：陝西，西安，大雁塔
舊藏：Victor Segalen, Gilbert de Voisins, Jean Lartigue
正書
1 幅。高 145 厘米，寬 70 厘米
著録：索引 516；金石 49
法釋：Préface aux Saints enseignements des Trois corbeilles.
編號：MG671

340．雁塔三藏聖教序

原名：大唐皇帝述三藏聖教序

唐太宗李世民、唐高宗李治撰　褚遂良書　萬文昭刻

唐永徽四年（653）十二月

地點：陝西，西安，大雁塔

舊藏：Victor Segalen, Gilbert de Voisins, Jean Lartigue

正書

1 幅。高 148 厘米，寬 95 厘米

著錄：索引 516；金石 49

法釋：Commentaire à la préface impériale aux Saints enseignements des Trois corbeilles.

編號：MG636

341．王行滿書聖教序

原名：大唐三藏聖教序

篆額：大唐二帝聖教序碑

唐太宗李世民、唐高宗李治撰　王行滿書　沈道元刻

唐顯慶二年（657）十二月

地點：河南，偃師，招提寺

舊藏：Henri d'Ollone

正書

1 幅。高 213 厘米，寬 92 厘米

著錄：索引 517；金石 49；北圖 13.57

法釋：Préface aux saints enseignements du canon bouddhique traduits par Xuanzang（玄奘，602—664）.

編號：MG872

342．唐道因法師碑碑側花紋

唐龍朔三年（663）十月

地點：陝西，西安，碑林

舊藏：Victor Segalen, Gilbert de Voisins, Jean Lartigue

1 幅。高 202 厘米，寬 27 厘米

法釋：Décor d'un côté de la stèle funéraire du Maître de la Loi Daoyin.

編號：MG606

343．唐道因法師碑碑額花紋

唐龍朔三年（663）十月

地點：陝西，西安，碑林

舊藏：Victor Segalen, Gilbert de Voisins, Jean Lartigue

1 幅。高 47 厘米，寬 35 厘米

法釋：Décor du fronton de la stèle funéraire du Maître de la Loi Daoyin.

編號：MG606 bis

344．碧落碑

李譔撰　陳惟玉書

唐咸亨元年（670）

地點：山西，絳州

舊藏：Edouard Chavannes

篆書

1 幅。高 184 厘米，寬 100 厘米

著錄：索引 519；金石 57；華北 2.757

法釋：Inscription votive relative à l'érection d'une statue taoïste.

編號：MG273

345．慈恩寺聖教序并心經

原名：大唐三藏聖教序

唐太宗李世民、唐高宗李治撰　懷仁集

王羲之書
朱静藏刻　諸葛神力勒石
唐咸亨三年（672）十二月
地點：陝西，西安，弘福寺
舊藏：Henri d'Ollone
行書
1 幅。高 226 厘米，寬 93 厘米
著錄：索引 519；金石 49；北圖 15.179
法釋：Préface aux saints enseignements du
canon bouddhique traduits par Xuanzang
（玄奘，602—664）et Sūtra du cœur.
編號：MG874

346．慈恩寺聖教序并心經
原名：大唐三藏聖教序
唐太宗李世民、唐高宗李治撰　懷仁集
王羲之書
朱静藏刻　諸葛神力勒石
唐咸亨三年（672）十二月
地點：陝西，西安，弘福寺
行書
1 幅。高 225 厘米，寬 94 厘米
著錄：索引 519；金石 49；北圖 15.179
法釋：Préface aux saints enseignements du
canon bouddhique traduits par Xuanzang
（玄奘，602—664）et Sūtra du cœur.
編號：MG1081

347．述聖記碑
武則天撰　唐中宗李顯書
唐文明元年（684）八月
地點：陝西，乾陵
舊藏：Victor Segalen, Gilbert de Voisins,
Jean Lartigue

正書
2 本，1 幅。高 118 厘米，寬 112 厘米
法釋：Eloge des mérites de l'empereur
Gaozong des Tang.
著錄：索引 521；金石 60
編號：MG692

348．國相王李旦奉制刊碑刻石記
唐神龍二年（706）八月
地點：河南，偃師
舊藏：Edouard Chavannes
正書
1 幅。高 217 厘米，寬 39 厘米
著錄：索引 522；金石 63
法釋：Note sur les corrections apportées à
la gravure de la stèle Shengxian taizi bei（昇
仙太子碑）.
備注：昇仙太子碑陰中截。內有武則天
改字
編號：MG388A

349．涼州衛大雲寺古刹功德碑
劉秀撰
唐景雲二年（711）
地點：甘肅，涼州，大雲寺
舊藏：Henri d'Ollone
正書　翻刻
1 幅。高 172 厘米，寬 79 厘米
著錄：索引 524；金石 69
法釋：Commémoration des travaux
d'architecture et de peinture exécutés dans le
monastère du Grand Nuage.
編號：MG875

350. 華嶽精享昭應之碑

咸廙撰　劉升書　李休光篆額
唐開元八年（720）
地點：陝西，華陰，西嶽廟
舊藏：Victor Segalen, Gilbert de Voisins, Jean Lartigue
隸書
1 幅。高 140 厘米，寬 109 厘米
著錄：索引 525；金石 72；華山 25
法釋：Inscription d'éloge du mont Hua.
備注：西嶽華山神廟之碑陰。
編號：MG587

351. 韋抗功德碑

原名：益州大都督府長史韋抗功德記
唐開元十年（722）六月
地點：四川，廣元，千佛崖
舊藏：Henri d'Ollone
正書
1 幅。高 153 厘米，寬 56 厘米
著錄：索引 307；八補 51
法釋：Inscription vantant les mérites de Wei Kang, administrateur en chef de la préfecture de Yi.
編號：MG882

352. 韋抗功德碑

原名：益州大都督府長史韋抗功德記
唐開元十年（722）六月
地點：四川，廣元，千佛崖
舊藏：Henri d'Ollone
正書
2 本，1 幅。高 146 厘米，寬 51 厘米
著錄：索引 307；八補 51

法釋：Inscription vantant les mérites de Wei Kang, administrateur en chef de la préfecture de Yi.
編號：MG959

353. 御史臺精舍碑陰題名

唐開元十一年（723）
地點：陝西，西安，碑林
正書
1 幅。高 96 厘米，寬 63 厘米
著錄：索引 526；金石 74；碑林目 5.32
法釋：Liste de noms de fonctionnaires au revers de l'inscription de la salle d'études du censorat.
編號：MG1077

354. 述聖頌

達奚珣撰序　呂向撰頌并書
唐開元十三年（725）
地點：陝西，西安，碑林（原在華陰西岳廟）
正書
2 本，1 幅。高 188 厘米，寬 77 厘米
著錄：索引 527；金石 75；碑林目 5.33
法釋：Eloge de Shusheng, alias Zi'en （子恩）, petit-fils de Confucius, avec préface.
編號：MG1056

355. 唐大智禪師碑碑側花紋

唐開元二十四年（736）九月
地點：陝西，西安，碑林
舊藏：Victor Segalen, Gilbert de Voisins, Jean Lartigue

1 幅。高 212 厘米，寬 32 厘米

法釋：Décor d'un côté de la stèle funéraire du Maître de dhyana Dazhi.

編號：MG607

356. 玄元靈應頌碑

戴旋撰序　劉同昇撰頌　戴仮書　史榮刻

唐天寶元年（742）七月

地點：陝西，盩厔，重陽宮

舊藏：Victor Segalen, Gilbert de Voisins, Jean Lartigue

1 幅。高 196 厘米，寬 88 厘米

著録：索引 534；金石 86；北圖 25.13

法釋：Eloge avec préface d'un rêve de l'empereur Xuanzong des Tang.

備注：元代重刻

編號：MG642

357. 三墳記碑碑側花紋

唐天寶二年（743）十月

地點：陝西，西安，碑林

舊藏：Victor Segalen, Gilbert de Voisins, Jean Lartigue

1 幅。高 150 厘米，寬 24 厘米

法釋：Décor d'un côté de la stèle funéraire des trois frères Li（李）.

編號：MG615

358. 唐隆闡法師碑碑側花紋

唐天寶二年（743）十二月

地點：陝西，西安，碑林

舊藏：Victor Segalen, Gilbert de Voisins, Jean Lartigue

1 幅。高 160 厘米，寬 23 厘米

法釋：Décor d'un côté de la stèle funéraire du Maître de la Loi Longchan.

編號：MG614

359. 唐玄宗石臺孝經碑下子花紋飾

唐天寶四年（745）

地點：陝西，西安，碑林

舊藏：Victor Segalen, Gilbert de Voisins, Jean Lartigue

2 本，4 幅。高 200 厘米，寬 32 厘米（3 幅）；高 112 厘米，寬 14 厘米（1 幅）

法釋：Décor de la stèle funéraire du Livre de la piété filiale préfacé par l'empereur Xuanzong des Tang.

編號：MG608-609

360. 多寶塔碑

原名：大唐西京千福寺多寶佛塔感應碑文

岑勛撰　顏真卿書

唐天寶十一年（752）四月

地點：陝西，西安，碑林

舊藏：Henri d'Ollone

正書

3 本，1 幅。高 182 厘米，寬 94 厘米

著録：索引 537；金石 89；碑林目 6.40；北圖 26.64

法釋：Inscription du stūpa du buddha Prabhūtaratna.

編號：MG876

361. 謁金天王祠題記

顏真卿書

唐乾元元年（758）十月

地點：陝西，華陰，西嶽廟

舊藏：Victor Segalen, Gilbert de Voisins, Jean Lartigue

正書

1 幅。高 176 厘米，寬 28 厘米

著錄：索引 340；金石 79；華山 28

法釋：Liste de personnes ayant effectué une visite au sanctuaire du prince de Jintian.

備注：刊於西嶽華山神廟之碑左側

編號：MG585

362. 判府太中嚴公九日南山詩

杜甫撰并書

唐乾元二年（759）

地點：四川，巴中，南龕

舊藏：Henri d'Ollone

正書

1 幅。高 120 厘米，寬 70 厘米

法釋：Poème sur les « Niches du Sud ».

編號：MG988

363. 巴州古佛龕記

唐乾元三年（760）四月

地點：四川，巴中

舊藏：Victor Segalen, Gilbert de Voisins, Jean Lartigue

正書

1 幅。高 176 厘米，寬 184 厘米

著錄：索引 311，540；八補 59；四川 111

法釋：Mémoire de Yan Wu（嚴武）à propos d'une niche bouddhique près de Bazhou（巴州）.

編號：MG562

364. 巴州古佛龕記

唐乾元三年（760）四月

地點：四川，巴中

舊藏：Henri d'Ollone

正書

1 幅。高 164 厘米，寬 152 厘米

著錄：索引 311，540；八補 59；四川 111

法釋：Mémoire de Yan Wu（嚴武）à propos d'une niche bouddhique près de Bazhou（巴州）.

編號：MG877

365. 唐争坐位稿碑碑側花紋

唐廣德二年（764）

地點：陝西，西安，碑林

舊藏：Victor Segalen, Gilbert de Voisins, Jean Lartigue

1 幅。高 148 厘米，寬 24 厘米

法釋：Décor d'un côté de la stèle reproduisant un brouillon de lettre de Yan Zhenqing（顏真卿，709—785）à Guo Yingyi（郭英乂）.

編號：MG612

366. 改修吴延陵季子廟記

蕭定撰　張從申書　魏清海鎸字

唐大曆十四年（779）八月

地點：江蘇，丹陽

舊藏：Edouard Chavannes

正書　篆額

1 幅。高 248 厘米，寬 106 厘米

著錄：索引 584

法釋：Restauration du temple de Ji Zha（季札，前 577—前 485），duc de Wu, au Yanling.

備注：碑陽有關于孔子見延陵君子題字

編號：MG781.2

367. 顏氏家廟碑（陽陰并兩側）

原名：唐故通議大夫行薛王友柱國贈秘書少監國子祭酒太子少保顏君廟碑銘

顏真卿撰并書

唐建中元年（780）七月

地點：陝西，西安，碑林

舊藏：Henri d'Ollone

正書

4 幅。高 232 厘米，寬 122 厘米；高 232 厘米，寬 122 厘米；高 234 厘米，寬 24 厘米；高 238 厘米，寬 29 厘米，摺叠裝成兩本

著錄：索引 548；金石 101；碑林目 7.51；北圖 28.6

法釋：Inscription du temple de la famille Yan.

編號：MG878-881

368. 校書郎段文昌題名

唐元和二年（807）四月

地點：四川，廣元，千佛崖

舊藏：Henri d'Ollone

正書

2 幅。高 34 厘米，寬 34 厘米；高 105 厘米，寬 5 厘米

著錄：索引 345；八補 51

法釋：Inscription relative à l'ancien secrétaire de la Bibliothèque impériale Duan Wenchang（773—835）. Au-dessus note avec liste de noms datée d'un an renchen（壬

辰，812？）.

編號：MG960

369. 蜀丞相諸葛武侯祠堂碑

裴度撰　柳公綽書　魯建鐫字

唐元和四年（809）二月

地點：四川，成都，武侯祠

舊藏：Victor Segalen, Gilbert de Voisins, Jean Lartigue

正書

1 幅。高 280 厘米，寬 134 厘米

著錄：索引 554；金石 105；北圖 29.42

法釋：Inscription du hall du sanctuaire de Zhuge Liang.

編號：MG662

370. 蜀丞相諸葛武侯祠堂碑

裴度撰　柳公綽書　魯建鐫字

唐元和四年（809）二月

地點：四川，成都，武侯祠

舊藏：Henri d'Ollone

正書

2 本，1 幅。高 268 厘米，寬 135 厘米

著錄：索引 554；金石 105；北圖 29.42

法釋：Inscription du hall du sanctuaire de Zhuge Liang.

編號：MG883

371. 蜀丞相諸葛武侯祠堂碑

裴度撰　柳公綽書　魯建鐫字

唐元和四年（809）二月

地點：四川，成都，武侯祠

舊藏：Henri d'Ollone

正書

1 幅。高 272 厘米；寬 135 厘米

著錄：索引 554；金石 105；北圖 29.42

法釋：Inscription du hall du sanctuaire de Zhuge Liang.

編號：MG976

372. 諸葛武侯祠堂碑陰記

唐元和四年（809）二月

地點：四川，成都，武侯祠

舊藏：Henri d'Ollone

正書

1 幅。高 268 厘米，寬 135 厘米

著錄：索引 554；金石 105；北圖 29.43

法釋：Revers de l'inscription du hall du sanctuaire de Zhuge Liang（suite de l'avers（MG883）et liste des donateurs）.

編號：MG884

373. 唐邠國公梁守謙碑碑側花紋

唐長慶二年（822）十二月

地點：陝西，西安，碑林

舊藏：Victor Segalen, Gilbert de Voisins, Jean Lartigue

1 幅。高 238 厘米，寬 31 厘米

法釋：Décor d'un côté de la stèle funéraire de Liang Shouqian（779—827）.

編號：MG610

374. 唐邠國公梁守謙碑碑側花紋

唐長慶二年（822）十二月

地點：陝西，西安，碑林

舊藏：Victor Segalen, Gilbert de Voisins,

Jean Lartigue

1 幅。高 134 厘米，寬 24 厘米

法釋：Décor d'un côté de la stèle funéraire de Liang Shouqian（779—827）.

編號：MG619

375. 唐玄祕塔碑碑側花紋

唐會昌元年（841）十二月

地點：陝西，西安，碑林

舊藏：Victor Segalen, Gilbert de Voisins, Jean Lartigue

2 幅。高 238 厘米，寬 31 厘米

法釋：Décor des côtés de la stèle du stupa funéraire du maître de la Loi Dada（大達）.

編號：MG611

376. 巴郡太守滎陽鄭公新建天王記

蕭珦撰　王富書

唐會昌六年（846）十二月

地點：四川，巴中

舊藏：Henri d'Ollone

正書

1 幅。高 104 厘米，寬 73 厘米

著錄：北圖 31.152

法釋：Note sur l'érection de statues de rois célestes par Zheng, préfet de la commanderie de Ba.

編號：MG985

377. 唐碑碑側花紋

唐（618—907）

地點：陝西，華陰，玉泉院

舊藏：Victor Segalen, Gilbert de Voisins,

Jean Lartigue

1 幅。高 92 厘米，寬 15 厘米

法釋：Décor d'un côté d'une stèle des Tang.

編號：MG620

378. 皇帝萬歲題字

唐（618—907）（？）

地點不詳

舊藏：Edouard Chavannes

隸書

1 幅。高 25 厘米，寬 16 厘米

法釋：Inscription de quatre caractères.

編號：MG388B

379. 重修文宣王廟記

劉從乂撰　馬昭吉書　安仁祚刊字

宋建隆三年（962）八月

地點：陝西，西安，碑林

舊藏：Edouard Chavannes

正書

1 幅。高 143 厘米，寬 78 厘米

著錄：索引 578；金石 123；碑林目

11.83；北圖 37.6

法釋：Restauration du temple de Confucius.

編號：MG798

380. 宋篆書千字文碑額花紋

宋乾德三年（965）

地點：陝西，西安，碑林

舊藏：Victor Segalen, Gilbert de Voisins,

Jean Lartigue

1 幅。高 92 厘米，寬 36 厘米

法釋：Décor du fronton de la stèle du Livre

des mille caractères écrits en style sigillaire

par Mengying（夢英）.

編號：MG621

381. 十八體篆書

夢英書并題釋　安文璨刻

宋乾德五年（967）

地點：陝西，西安，碑林

舊藏：Edouard Chavannes

篆，隸，正書

1 幅。高 124 厘米，寬 80 厘米

著錄：索引 694；金石續 13；碑林目

11.87；北圖 37.18

法釋：Dix-huit exemples de carcatères en

style sigillaire.

編號：MG783

382. 石城碑

別名：大理國段氏與三十七部會盟碑

大理明政三年（971）

地點：雲南，曲靖

舊藏：Henri d'Ollone

行書

1 幅。高 111 厘米，寬 60 厘米

著錄：索引 579；金石 160；北圖 36.195

法釋：Inscription commémorant le serment

d'alliance de Duan Su（段素）et de 37 tribus.

備注：附有清道光二十九年喻懷信正書

刻跋

編號：MG888

383. 上清太平宮碑

原名：重刊終南山上清太平宮碑銘并序

徐鉉撰　張振書

宋太平興國五年（980）四月

地點：陝西，盩厔，終南山

舊藏：Victor Segalen, Gilbert de Voisins, Jean Lartigue

1 幅。高 234 厘米，寬 117 厘米

著錄：索引 580；金石 125

法釋：Commémoration du palais de la Grande paix au Zhongnan shan.

編號：MG647

384．石堂院石刻記

宋太平興國五年十二月至六年（981）正月

地點：四川，綿陽，石堂觀

舊藏：Henri d'Ollone

正書

2 本，2 幅。高 64 厘米，寬 30 厘米；高 64 厘米，寬 41 厘米

法釋：Notes sur la Cour de la Salle de pierre.

編號：MG964-965

385．夫子廟堂記

程浩撰　夢英書　安文璨刊字

宋太平興國七年（982）六月

地點：陝西，西安，碑林

舊藏：Edouard Chavannes

正書

1 幅。高 120 厘米，寬 72 厘米

著錄：索引 580；金石 125；碑林目 12.91；北圖 37.76

法釋：Réplique d'une note sur la grande salle du temple de Confucius.

編號：MG797

386．嶧山石刻摹本

秦始皇嬴政、秦二世胡亥詔文　李斯書　鄭文寶跋

秦始皇二十八年（前 219）原刻　宋淳化四年（993）重刊

地點：陝西，西安，碑林

舊藏：Edouard Chavannes

篆書　正書跋

2 幅。高 148 厘米，寬 76 厘米；高 144 厘米，寬 70 厘米

著錄：索引 483；金石 4；碑林目 1.1；北圖 1.8

法釋：Réplique de l'inscription de la commémoration de l'unification de l'empire.

編號：MG789

387．嶧山石刻摹本

秦始皇嬴政、秦二世胡亥詔文　李斯書　鄭文寶跋

秦始皇二十八年（前 219）原刻　宋淳化四年（993）重刊

地點：陝西，西安，碑林

舊藏：Henri d'Ollone

篆書　正書跋

2 幅。高 146 厘米，寬 67 厘米；高 146 厘米，寬 66 厘米

著錄：索引 483；金石 4；碑林目 1.1；北圖 1.8

法釋：Réplique de l'inscription de la commémoration de l'unification de l'empire.

編號：MG889

388．說文偏旁字源

夢英書并題釋　郭忠恕書釋字　安文璨

鐫字

宋咸平二年（999）六月

地點：陝西，西安，碑林

舊藏：Edouard Chavannes

篆，正書

1 幅。高 198 厘米，寬 95 厘米

著錄：索引 695；金石續 13；碑林目 12.94；北圖 38.2

法釋：Notes sur les 540 radicaux du dictionnaire Shuowen jiezi（《說文解字》）en style sigillaire.

編號：MG784

389. 說文偏旁字源

夢英書并題釋　郭忠恕書釋字　安文璨鐫字

宋咸平二年（999）六月

地點：陝西，西安，碑林

舊藏：Henri d'Ollone

篆，正書

1 幅。高 200 厘米，寬 90 厘米

著錄：索引 695；金石續 13；碑林目 12.94；北圖 38.2

法釋：Notes sur les 540 radicaux du dictionnaire Shuowen jiezi（《說文解字》）en style sigillaire.

編號：MG890

390. 勅賜西嶽廟乳香記

韓見素撰　釋智通書　姚玉鐫字

宋咸平六年（1003）

地點：陝西，華陰，西嶽廟

正書　篆額

1 幅。高 172 厘米，寬 62 厘米

著錄：索引 582；金石 126

法釋：Inscription sur l'oliban du temple du pic de l'Ouest.

編號：MG1072

391. 至聖文宣王贊并加號詔

宋真宗趙恒撰

宋大中祥符元年（1008）十一月

地點：陝西，西安，碑林

舊藏：Edouard Chavannes

行書

1 幅。高 204 厘米，寬 101 厘米

著錄：索引 583；金石 127；碑林目 13.95；北圖 38.23

法釋：Eloge de Confucius et décret accroissant ses mérites.

編號：MG799

392. 大宋永興軍新修玄聖文宣王廟大門記

孫僅撰　冉宗閔書　安文璨刻字

宋大中祥符二年（1009）六月

地點：陝西，西安，碑林

舊藏：Edouard Chavannes

正書

1 幅。高 180 厘米，寬 84 厘米

著錄：索引 583；金石 127；碑林目 13.96；北圖 38.26

法釋：Reconstruction de la porte principale du temple de Confucius.

編號：MG800

393．敕授文彥博益州州學講說碑

宋慶曆五年至六年（1045—1046）

地點：四川，成都

舊藏：Henri d'Ollone

正書

1 幅。高 153 厘米，寬 77 厘米

法釋：Inscription relative à un décret de nomination de Wen Yanbo（1006—1097）.

編號：MG891

394．京兆府小學規碑額

李蜓篆額

宋至和元年（1054）四月

地點：陝西，西安，碑林

舊藏：Victor Segalen, Gilbert de Voisins, Jean Lartigue

篆書

1 幅。高 37 厘米，寬 93 厘米

法釋：Fronton de la stèle du Règlement de l'école du temple de Confucius, avec motifs floraux.

編號：MG618

395．段綽題名

宋嘉祐五年（1060）九月

地點：四川，廣元，千佛崖

舊藏：Henri d'Ollone

正書

2 本，1 幅。高 53 厘米，寬 21 厘米

法釋：Inscription d'un visiteur, Duan Chuo, à la falaise des Mille buddhas.

備注：千佛崖大雲寺碑（MG961）側

編號：MG962

396．新修岷州廣仁禪院記

篆額：勑賜岷州廣仁禪院記

王欽臣撰　周璟正書　王彭年篆書　張若納立石

宋元豐七年（1084）八月

地點：甘肅，岷縣

舊藏：Henri d'Ollone

正書，篆額

1 幅。高 232 厘米，寬 97 厘米

法釋：Commémoration de la reconstruction de la Cour de dhyāna Guangren.

編號：MG893

397．諸公平洮州詩

宋元祐三年（1088）

地點：甘肅，岷縣

舊藏：Henri d'Ollone

正書，正額

1 幅。高 133 厘米，寬 76 厘米

法釋：Poème sur la pacification de Taozhou（Gansu）.

編號：MG894

398．新移石經記

原名：京兆府府學新移石經記

黎持撰　安宜之書　安民鐫字

宋元祐五年（1090）九月

地點：陝西，西安，碑林

舊藏：Edouard Chavannes

正書，篆額

1 幅。高 124 厘米，寬 63 厘米

著錄：索引 234；金石 139；碑林目 14.113；北圖 40.59

法釋：Incription relative au transfert des

Classiques gravés sur pierre sous les Tang.

编號：MG790

399．渠州漢車騎將軍勑

宋崇寧三年（1104）九月

地點：四川，渠縣

舊藏：Victor Segalen, Gilbert de Voisins, Jean Lartigue

正書

2 幅。高 35 厘米，寬 58 厘米

著録：索引 600

法釋：Décret de promotion à titre posthume du général Feng Gun（馮緄）au titre de prince Huiying（惠應）.

编號：MG535

400．大薦福寺重修塔記

篆額：大薦福寺重修塔記

李壄記　沙門永明立石

宋政和六年（1116）五月

地點：陝西，西安，小雁塔

舊藏：Victor Segalen, Gilbert de Voisins, Jean Lartigue

正書

1 幅。高 166 厘米，寬 76 厘米

著録：金石 147

法釋：Inscription de restauration du temple de la Petite pagode de l'Oie sauvage.

编號：MG630

401．遊光福寺題記

宋紹興二年（1132）

地點：四川，巴中，南龕

舊藏：Henri d'Ollone

正書

1 幅。高 98 厘米，寬 119 厘米

法釋：Note d'une visite au temple de la Brillante félicité des « Niches du Sud ».

编號：MG975

402．大金皇弟都統經略郎君行記

黃應期題

金天會十二年（1134）十一月

地點：陝西，乾陵

舊藏：Edouard Chavannes

正書，篆額，契丹小字

2 幅。高 107 厘米，寬 85 厘米（2 本）；高 31 厘米，寬 36 厘米

著録：索引 436；金石 154；Chavannes, Note sur l'inscription, 1908，263-64

法釋：Inscription gravée sur la stèle sans caractère du Qianling（乾陵）：Note sur la visite d'un frère de l'empereur des Jin.

備注：明崇禎題記

编號：MG254

403．岳飛墨莊題字

岳飛書

宋紹興八年（1138）

地點：山西，臨汾

舊藏：Henri d'Ollone

行書　朱拓

1 幅。高 108 厘米，寬 50 厘米

著録：索引 401；金石 148

法釋：Deux grands caractères.

编號：MG895

404．重修天龍寺碑
智允迪篆　任杲書　王子文立石
金正隆四年（1159）七月
地點：山西，太原，天龍山
舊藏：Victor Segalen, Gilbert de Voisins, Jean Lartigue
正書
2 幅。高 62 厘米，寬 78 厘米
著録：索引 627
法釋：Inscription pour la restauration du monastère Tianlong.
編號：MG673

405．楊百藥題記
宋乾道元年（1165）
地點：四川，巴中，南龕
舊藏：Henri d'Ollone
隸書
1 幅。高 88 厘米，寬 41 厘米
法釋：Inscription relative à Yang Baiyao de Fengyi（馮翊）.
編號：MG973

406．金大普恩寺重修大殿記
原名：金西京大普恩寺重修大殿記
朱弁撰　孔固書　解遵刊　栖演立石
金大定十六年（1176）八月
地點：山西，大同
舊藏：Henri d'Ollone
正書
1 幅。高 244 厘米，寬 116 厘米
著録：索引 629
法釋：Restauration de la grande salle du monastère Pu'en à la capitale occidentale.

Note rédigée en 1143.
編號：MG896

407．五言暮春題龍日寺西龕石壁詩
嚴武撰
宋淳熙八年（1181）七月
地點：四川，巴中
舊藏：Henri d'Ollone
正書
1 幅。高 120 厘米，寬 118 厘米
法釋：Poème sur le monastère Longri.
編號：MG983

408．九日詩
張垓撰
宋淳熙八年（1181）
地點：四川，巴中，南龕
舊藏：Henri d'Ollone
正書
1 幅。高 122 厘米，寬 248 厘米
法釋：Poème sur une visite aux « Niches du Sud » en hommage à Du Fu（杜甫）.
編號：MG986

409．金重修釋迦如來成道碑
原名：大金西京大普恩寺重修釋迦如來成道碑銘并序
王勃撰　法暉、道顯立石
金明昌元年（1190）十二月
地點：山西，大同
舊藏：Henri d'Ollone
正書
1 幅。高 246 厘米，寬 105 厘米

著錄：索引 631

法釋：Restauration de l'accès au monastère bouddhique Pu'en de la capitale occidentale.

編號：MG897

410. 漢郡君褒斜道記釋文并題記

晏袤撰并書

宋紹熙五年（1194）四月

地點：陝西，褒城

舊藏：Victor Segalen, Gilbert de Voisins, Jean Lartigue

隸書

2 本，1 幅。高 200 厘米，寬 196 厘米

著錄：金石 5；北圖 43.169

法釋：Explication du texte de l'inscription sur la réfection d'une route datée de 64.

備注：見 MG651（1 號）

編號：MG649

411. 無夢令詞石刻

王喆書　畢知常立石

金承安五年（1200）九月

地點：陝西，盩厔

舊藏：Victor Segalen, Gilbert de Voisins, Jean Lartigue

草書

1 幅。高 172 厘米，寬 90 厘米

著錄：索引 476；金石續 20；北圖 47.57

法釋：Poème sur l'air Wumeng ling.

編號：MG643

412. 孟氏宗傳祖圖

金大安三年（1211）十二月

地點：山東，鄒縣

舊藏：Edouard Chavannes

正書　篆額

2 幅。高 26 厘米，寬 35 厘米；高 23 厘米，寬 28 厘米

法釋：Fronton et inscription du revers du fronton du Tableau généalogique de la famille de Mencius.

編號：MG810-811

413. 金重修府學教養碑碑側花紋

金正大二年（1225）十二月

地點：陝西，西安，碑林

舊藏：Victor Segalen, Gilbert de Voisins, Jean Lartigue

1 幅。高 150 厘米，寬 23 厘米

法釋：Décor d'un côté de la stèle de restauration de l'école préfectorale.

編號：MG613

414. 紀國趙彥吶等題銘

宋寶慶元年（1225）

地點：陝西，褒城

舊藏：Victor Segalen, Gilbert de Voisins, Jean Lartigue

隸書

3 本，1 幅。高 95 厘米，寬 47 厘米

著錄：索引 422；金石 141

法釋：Inscription concernant Zhao Yanna et autres.

編號：MG652

415.　龍門禹王廟聖旨碑

成若安立石
元至元十二年（1275）二月
地點：河南，龍門，神禹廟
舊藏：Edouard Chavannes
正書，八思巴字
2 幅。高 130 厘米，寬 70 厘米
著録：Chavannes, Inscriptions（1908），
373-376；元白 118
法釋：Edit impérial en faveur de Dong
Ruochong（董若冲）et de Jiang Shanxin
（姜善信）qui ont édifié des temples.
編號：MG520B

416.　龍門禹王廟令旨碑

元至元十三年（1276）正月
地點：河南，龍門，神禹廟
舊藏：Edouard Chavannes
正書，蒙古文八思巴字
2 幅。高 130 厘米，寬 70 厘米
著録：Chavannes, Inscriptions（1908），
376-378；元白 25
法釋：Edit princier pour la protection du
temple de Yao（堯廟），du sanctuaire de
la Terre（后土祠）et du temple du roi Yu
（禹王廟）.
備注：MG520B 背面
編號：MG520A

417.　重修文宣王廟記額

元至元十三年（1276）九月
地點：陝西，西安，碑林
舊藏：Victor Segalen, Gilbert de Voisins,
Jean Lartigue
篆書
1 幅。高 44 厘米，寬 86 厘米
法釋：Fronton de la stèle commémorant la
restauration du temple de Confucius à Xi'an,
avec phénix et licorne.
編號：MG616

418.　重修宣聖廟記碑側花紋

元至元十三年（1276）九月
地點：陝西，西安，碑林
舊藏：Victor Segalen, Gilbert de Voisins,
Jean Lartigue
正，行書
1 幅。高 144 厘米，寬 25 厘米
法釋：Décor d'un côté de la stèle commémorant
la restauration du temple de Confucius à
Xi'an.
編號：MG617

419.　廣元千佛崖來人題字

元至元十四年（1277）
地點：四川，廣元，千佛崖
舊藏：Henri d'Ollone
正書
1 幅。高 147 厘米，寬 71 厘米
法釋：Inscriptions de visiteurs.
編號：MG963

420.　創修崆峒山寶慶寺記

正額：寶慶寺記
商挺撰并書
元至元十五年（1278）八月
地點：甘肅，平凉，崆峒山

舊藏：Henri d'Ollone

正書

1 幅。高 186 厘米，寬 79 厘米

法釋：Inscription de fondation du monastère Baoqing.

編號：MG735

421．石將軍始建祠斷碑

宋（960—1279）

地點：陝西，武定

舊藏：Henri d'Ollone

正書

1 幅。高 51 厘米，寬 52 厘米

法釋：Inscription pour la fondation du sanctuaire dédié à Shi Hui（施惠），dit général Shi（石）．

編號：MG898

422．千佛崖大雲寺碑題名

宋（960—1279）

地點：四川，廣元，千佛崖

舊藏：Henri d'Ollone

正書

2 本，1 幅。高 192 厘米，寬 76 厘米

法釋：Inscription relative au monastère Dayun avec liste des noms de fonctionnaires.

編號：MG961

423．水調歌頭詩

巴州守撰

宋（960—1279）

地點：四川，巴中，南龕

舊藏：Henri d'Ollone

正書

1 幅。高 117 厘米，寬 103 厘米

法釋：Poème par « un préfet de Bazhou ».

編號：MG972

424．趙公碩七言律詩

趙公碩撰

宋（960—1279）

地點：四川，巴中，南龕

舊藏：Henri d'Ollone

行書

1 幅。高 113 厘米，寬 160 厘米

著録：索引 410；八補 115

法釋：Poème de Zhao Gongshuo sur une visite aux « Niches du Sud ».

編號：MG974

425．趙善期題記

趙善期撰

宋（960—1279）

地點：四川，巴中

舊藏：Henri d'Ollone

正書

1 幅。高 53 厘米，寬 76 厘米

著録：索引 410；八補 115

法釋：Note sur le poème du monastère Longri de Yan Wu（嚴武）．

編號：MG984

426．妙應蘭若塔記

趙政惠撰

元元貞元年（1295）五月

地點：雲南，昆明，海源寺

舊藏：Henri d'Ollone

正書

2 本，1 幅。高 52 厘米，寬 37 厘米

著録：北圖 48.142

法釋：Inscription pour la construction d'un stūpa à l'ermitage Miaoying.

編號：MG899

427. 加封製詔碑

元武宗海山製文

元大德十一年（1307）七月

地點：曲阜，孔廟

舊藏：Edouard Chavannes

正書

1 幅。高 154 厘米，寬 68 厘米

著録：索引 645

法釋：Décret accroissant les mérites de Confucius.

編號：MG801

428. 加封孔子碑

篆額：大成聖號之碑

元武宗海山撰

元至大元年（1308）

地點：雲南，昆明，紅河，建水，文廟

舊藏：Henri d'Ollone

正書

1 幅。高 148 厘米，寬 93 厘米

法釋：Eloge de Confucius et texte mutilé.

編號：MG900

429. 雄辯塔銘額

元至大三年（1310）五月

地點：雲南，昆明，玉案山

舊藏：Henri d'Ollone

正書

1 幅。高 27 厘米，寬 13 厘米

著録：北圖 49.8

法釋：Fronton de l'inscription du stūpa du maître de la Loi Xiongbian.

編號：MG902

430. 大元敕藏御服之碑

趙世延撰　趙孟頫書

元延祐二年（1315）三月

地點：陝西，盩厔，重陽宮

舊藏：Victor Segalen, Gilbert de Voisins, Jean Lartigue

正書

1 幅。高 292 厘米，寬 124 厘米

著録：索引 649

法釋：Inscription concernant la conservation des vêtements impériaux.

編號：MG640

431. 加封孔子碑

篆額：大成聖號之碑

元武宗海山撰　張銓立石

元大德十一年（1307）七月　延祐五年（1318）二月

地點：雲南，昆明

舊藏：Henri d'Ollone

正書

1 幅。高 148 厘米，寬 93 厘米

法釋：Eloge de Confucius et texte sur l'érection de la stèle.

編號：MG901

432．大成至聖文宣王廟碑
大司徒洪撰　祁安立石
元泰定二年（1325）七月
地點：甘肅，蘭州
舊藏：Henri d'Ollone
正書
1 幅。高 140 厘米，寬 89 厘米
法釋：Inscription du temple de Confucius.
編號：MG903

433．臨洮府城隍廟碑記
顏元祐書丹　祁安立石
元泰定四年（1327）
地點：甘肅，蘭州
舊藏：Henri d'Ollone
正書
1 幅。高 109 厘米，寬 67 厘米
法釋：Inscription du temple des murs et des fossés.
編號：MG904

434．大元國師法旨
元至正元年（1341）
地點：山東，泰安
舊藏：Edouard Chavannes
正書，藏文
1 幅。高 127 厘米，寬 70 厘米
著錄：Chavannes, Inscriptions, 1908, 418-420
法釋：Edit pour la protection du monastère bouddhique Lingyan（大靈嚴寺）.
編號：MG253

435．創塑州學七十子記
張從仁撰　孔克堅書　陳遵禮立石
元至正九年（1349）
地點：山東，泰安，岱廟
舊藏：Edouard Chavannes
正書　篆額
1 幅。高 220 厘米，寬 104 厘米
著錄：索引 665
法釋：Note sur la fabrication des statues des 70 disciples de Confucius à l'école préfectorale.
編號：MG802

436．勅建天龍洞大聖壽禪寺碑
元至正十七年（1357）以後
地點：山西，太原縣，天龍山
舊藏：Victor Segalen, Gilbert de Voisins, Jean Lartigue
正書
2 幅。高 57 厘米，寬 33 厘米；高 63 厘米，寬 21 厘米
法釋：Inscription concernant la fondation du temple Dashengshouchan des grottes du Tianlong shan.
編號：MG674-675

437．大元重修宣聖廟記
董立撰　張冲書　何惟刊
元至正二十六年（1366）三月
地點：陝西，西安，碑林
舊藏：Edouard Chavannes
隸書
1 幅。高 150 厘米，寬 87 厘米
著錄：索引 671；碑林目 18.151；北圖

50.135

法釋：Restauration du temple de Confucius.

編號：MG803

438. 劉海蟾詩刻

劉海蟾撰　宋渤書

元（1277—1368）

地點：陝西，盩厔，重陽宮

舊藏：Victor Segalen, Gilbert de Voisins, Jean Lartigue

行書

1 幅。高 252 厘米，寬 142 厘米

著録：北圖 50.171

法釋：Poème de Liu Haichan（10e s.）.

編號：MG648

439. 重修五華寺記

支渭興撰　張生刊　慶堂立石

元至正二十八年（1368）六月

地點：雲南，昆明

舊藏：Henri d'Ollone

正書

3 本，1 幅。高 163 厘米，寬 78 厘米

法釋：Restauration du monastère Wuhua.

編號：MG733

440. 案伏威感恩碑

正額：永受皇恩

明洪武二十五年（1392）五月

地點：雲南，昆明

舊藏：Henri d'Ollone

正書

1 幅。高 110 厘米，寬 74 厘米

法釋：Inscription relative au rétablissement de l'autorité impériale au Yunnan et accordant la délégation à An Fuwei et ses frères.

編號：MG906

441. 重修羅什寺記

廖處恭撰

明永樂十七年（1419）三月

地點：甘肅，涼州

舊藏：Henri d'Ollone

正書

1 幅。高 122 厘米，寬 64 厘米

法釋：Restauration du monastère de Kumārajīva à Liangzhou.

編號：MG907

442. 御製大崇教寺碑

明宣宗朱瞻基撰　沈奉書

明宣德四年（1429）二月

地點：甘肅，岷縣

舊藏：Henri d'Ollone

正書

2 本，1 幅。高 250 厘米，寬 112 厘米

法釋：Inscription de fondation du grand monastère des nobles enseignements à Minzhou（岷州）.

編號：MG908

443. 御製大崇教寺碑

篆額：御製大崇教寺之碑

明宣宗朱瞻基撰　沈奉書

明宣德四年（1429）二月

地點：甘肅，岷縣
舊藏：Henri d'Ollone
正書（陽）　藏文（陰）
2 幅。高 344 厘米，寬 180 厘米；高 344
厘米，寬 180 厘米
法釋：Inscription de fondation du grand
monastère des nobles enseignements à
Minzhou （岷州）.
編號：MG942

444．泰安寺修建題記
明正統十年（1445）五月
地點：北京，昌平，居庸關雲臺
舊藏：Edouard Chavannes
正書
1 幅。高 43 厘米，寬 12 厘米
法釋：Inscription pour l'achèvement de la
construction du monastère Tai'an.
編號：MG809

445．蘇武慢十二首
別題：蘇武慢詞碑
虞集撰　鄭達識
明正統十年（1445）十二月
地點：陝西，盩厔，重陽宮
舊藏：Victor Segalen, Gilbert de Voisins,
Jean Lartigue
行書
1 幅。高 168 厘米，寬 86 厘米
著錄：北圖 51.144
法釋：Douze poèmes de Yu Ji （appellation
Bosheng，伯生）.
編號：MG641

446．羅司寇厚德錄
周貴輯錄
明景泰五年（1454）四月
地點：四川，成都，城隍廟
舊藏：Henri d'Ollone
行書
1 幅。高 230 厘米，寬 119 厘米
法釋：Eloge des mérites de Luo Qi （羅綺，
1430 進士），secrétaire du ministère de la
Justice.
編號：MG909

447．金剛塔藏文中文題記
明天順二年（1458）三月
地點：雲南，昆明，官渡古鎮
舊藏：Henri d'Ollone
藏文，正書
1 幅。高 62 厘米，寬 110 厘米
法釋：Inscription sino-tibétaine du stūpa du
Diamant.
編號：MG747

448．重修臨洮廟學記
奇字篆額：□門題名記
黎昕撰　王臣書　高銘篆額
明天順六年（1462）
地點：甘肅，蘭州
舊藏：Henri d'Ollone
正書
1 幅。高 152 厘米，寬 77 厘米
法釋：Restauration de l'école du temple de
Confucius à Lintao.
編號：MG910

449. 翻刻李靖上西嶽王文

李靖撰　朱英志翻刻

明成化八年（1472）五月

地點：陝西，華陰，西嶽廟

舊藏：Victor Segalen, Gilbert de Voisins, Jean Lartigue

正書

1 幅。高 55 厘米，寬 80 厘米

著録：索引 512；金石 40

法釋：Nouvelle gravure de la requête de Li Jing au prince du Xiyue, gravée précédemment en 1104 et en 1146.

編號：MG586

450. 聖賢名爵位次之圖

明弘治九年（1496）八月

地點：山東，曲阜

舊藏：Edouard Chavannes

正書

1 幅。高 169 厘米，寬 62 厘米

法釋：Tableau des sages et des saints classés par rang.

編號：MG780

451. 憲副張公生祠遺愛記

關縉撰

明弘治十四年（1501）九月

地點：甘肅，岷縣

舊藏：Henri d'Ollone

正書　篆額

1 幅。高 176 厘米，寬 77 厘米

法釋：Eloge avec portrait du censeur Zhang, dont le nom personnel n'est pas précisé.

編號：MG911

452. 小雁塔題名

明嘉靖十一年至十四年（1532—1535）

地點：陝西，西安，小雁塔

舊藏：Victor Segalen, Gilbert de Voisins, Jean Lartigue

正，行書

2 本，1 幅。高 120 厘米，寬 30 厘米

法釋：Deux inscriptions de visiteurs sur le fronton d'une porte de la Petite pagode de l'Oie sauvage.

編號：MG632

453. 明嘉靖題記

明肅定王題記

明嘉靖二十年（1541）四月

地點不詳

正書

2 本。1 幅。高 61 厘米，寬 45 厘米

法釋：Inscription mutilée due au prince de Su.

編號：MG1080

454. 大禹岣嶁碑

張明道跋

明嘉靖二十年（1541）十二月

地點：浙江，紹興

舊藏：Henri d'Ollone

古文書　正書跋

1 幅。高 270 厘米，寬 132 厘米

著録：索引 481；金石 2；北圖 55.66

法釋：Réplique de l'inscription dite de Yu

le Grand.

編號：MG913

455. 大禹岣嶁碑

高簡跋

明嘉靖三十九年（1560）六月

地點：四川，北川

舊藏：Henri d'Ollone

古文書　正書跋

1 幅。高 230 厘米，寬 132 厘米

著録：索引 481；金石 2

法釋：Réplique de l'inscription dite de Yu le Grand.

編號：MG914

456. 大禹岣嶁碑

篆額：岣嶁碑銘

高簡跋

明嘉靖三十九年（1560）六月

地點：四川，成都

舊藏：Henri d'Ollone

古文書　正書跋

2 本，1 幅。高 300 厘米，寬 132 厘米

著録：索引 481；金石 2

法釋：Réplique de l'inscription dite de Yu le Grand.

編號：MG915

457. 小雁塔題名

明正德元年至嘉靖四十二年（1506—1563）

地點：陝西，西安，小雁塔

舊藏：Victor Segalen, Gilbert de Voisins, Jean Lartigue

正，行書

2 本，1 幅。高 110 厘米，寬 60 厘米

法釋：Inscriptions de visiteurs sur le piedroit d'une porte de la Petite pagode de l'Oie sauvage.

編號：MG631

458. 小雁塔題名

明嘉靖二年至萬曆三年（1523—1575）

地點：陝西，西安，小雁塔

舊藏：Victor Segalen, Gilbert de Voisins, Jean Lartigue

隸，正，行書

2 本，1 幅。高 89 厘米，寬 158 厘米

法釋：Inscriptions de visiteurs recouvrant les motifs gravés sur le tympan d'une porte de la Petite pagode de l'Oie sauvage.

編號：MG633

459. 千佛巖漫興題記

劉崇文撰

明萬曆八年（1580）四月

地點：四川，廣元，千佛崖

舊藏：Henri d'Ollone

正書

1 幅。高 81 厘米，寬 68 厘米

法釋：Notes sur les niches de la falaise « aux milles buddhas ».

編號：MG987

460. 小雁塔題名

明嘉靖元年至萬曆十六年（1522—1588）

地點：陝西，西安，小雁塔

舊藏：Victor Segalen, Gilbert de Voisins, Jean Lartigue

正，行，草書

2 本，1 幅。高 129 厘米，寬 54 厘米

法釋：Inscriptions de visiteurs sur le piedroit d'une porte de la Petite pagode de l'Oie sauvage.

編號：MG629

461. 重修孔廟石經記

王鶴撰并書

明萬曆十七年（1589）十月

地點：陝西，西安，碑林

舊藏：Edouard Chavannes

正書

1 幅。高 152 厘米，寬 68 厘米

著錄：碑林目 24.215

法釋：Restauration des Classiques gravés sur pierre dans le temple de Confucius.

編號：MG791

462. 重建武安王廟碑記

沐昌祚撰

明萬曆二十五年（1597）六月

地點：雲南，昆明

舊藏：Henri d'Ollone

正書

1 幅。高 148 厘米，寬 70 厘米

著錄：北圖 58.74

法釋：Restauration du temple dédié à Guan Yu（關羽）.

編號：MG916

463. 曬經石碑

顧汝學撰　王維英鎸字

明萬曆二十六年（1598）

地點：四川，光霧山，曬經台

舊藏：Henri d'Ollone

正書

1 幅。高 136 厘米，寬 72 厘米

法釋：Poème de la Terrasse de l'exposition des sūtra.

編號：MG917

464. □建太和宮記銘

周應犨　王應朝鎸字

明萬曆三十二年（1604）

地點：雲南，昆明，金殿

舊藏：Henri d'Ollone

正書

2 幅。高 134 厘米，寬 134 厘米；高 224 厘米，寬 124 厘米

法釋：Inscription pour la construction du palais de la Grande Harmonie avec liste des donateurs au revers.

編號：MG918A-B

465. 華山詩圖碑

王九疇書　戴鳳一畫

明萬曆四十三年（1615）

地點：陝西，華陰，玉泉院

舊藏：Victor Segalen, Gilbert de Voisins, Jean Lartigue

行書

1 幅。高 70 厘米，寬 164 厘米

著錄：華山 73

法釋：Recueil de poèmes sur le mont Hua par

des poètes des Tang et des Song, avec paysage.

編號：MG593

466. 伊闕龍門觀石像五十韵

公鼐撰并書

明萬曆四十五年（1617）

地點：河南，龍門

舊藏：Edouard Chavannes

正書

1 幅。高 63 厘米，寬 148 厘米

法釋：Cinquante-deux rimes sur la contemplation des statues de pierre de Longmen.

編號：MG523

467. 鎖兵留碣

何加申書丹　傅遇高立石

明天啓七年（1627）

地點：雲南

舊藏：Henri d'Ollone

正書

1 幅。高 70 厘米，寬 36 厘米

法釋：Inscription pour l'établissement de la paix. Colophon daté de 1880.

備注：清光緒六年跋

編號：MG920

468. 旌忠碑記

明崇禎六年（1633）

地點：貴州，鎮雄

舊藏：Henri d'Ollone

正書

2 本，1 幅。高 173 厘米，寬 103 厘米

法釋：Inscription pour exalter les vertus militaires.

編號：MG921

469. 雲南府清軍水利廳碑

明崇禎八年（1635）

地點：雲南，昆明

舊藏：Henri d'Ollone

正書

1 幅。高 158 厘米，寬 62 厘米

法釋：Inscription relative au Bureau de l'épuration de l'armée et des travaux hydrauliques de Yunnan fu.

編號：MG734

470. 重修圓通寺觀音閣碑記

傅胤孫撰

明崇禎十二年（1639）十二月

地點：雲南，昆明

舊藏：Henri d'Ollone

正書

1 幅。高 158 厘米，寬 75 厘米

法釋：Restauration du pavillon de Guanyin au monastère Yuantong de Kunming.

編號：MG1003

471. 念奴嬌·赤壁懷古詞

蘇軾撰　黃庭堅書　馬應龍摹刻

明（1368—1644）

地點：河南，龍門

舊藏：Edouard Chavannes

行書

4 副。高 37 厘米，寬 100 厘米

法釋：Poème par Su Shi en souvenir de la Falaise rouge.

編號：MG521

472. 遊南龕題記

韋崇□撰并書

明（1368—1644）

地點：四川，巴中，南龕

舊藏：Henri d'Ollone

正書

1 幅。高 62 厘米，寬 140 厘米

法釋：Note sur une excursion aux Niches du Sud.

編號：MG970

473. 大禹岣嶁碑

毛會建重刻

清康熙五年（1666）

地點：陝西，西安，碑林

舊藏：Edouard Chavannes

古文書

1 幅。高 204 厘米，寬 80 厘米

著錄：索引 481；金石 2；碑林目 36.328

法釋：Réplique de l'inscription dite de Yu le Grand.

編號：MG782.1

474. 重建五龍宮記

清康熙十五年後（1676 後）

地點：湖北，武當山（？）

舊藏：Henri d'Ollone

正書

1 幅。高 124 厘米，寬 52 厘米

法釋：Restauration du Wulong gong.

編號：MG851

475. 五嶽真形圖

鄧霖題　卜世鎸字

清康熙二十一年（1682）

地點：陝西，西安，碑林

正書

1 幅。高 128 厘米，寬 62 厘米

著錄：碑林目 30.275

法釋：Pictographes des cinq pics sacrés, avec commentaires et extrait du Baopuzi（抱扑子）.

編號：MG1071

476. 重修妙湛寺塔記

羅國珍撰并書

清康熙三十五年（1696）七月

地點：雲南，昆明，官渡

舊藏：Henri d'Ollone

行書

1 幅。高 29 厘米，寬 55 厘米

著錄：北圖 65.91

法釋：Restauration du stūpa du monastère Miaozhan.

編號：MG924

477. 米芾入境寄詩

米芾撰　清聖祖玄燁書

清康熙三十九年（1700）

地點：雲南，昆明，黑龍潭

舊藏：Henri d'Ollone

行書

1 幅。高 176 厘米，寬 80 厘米

法釋：Poème de Mi Fu （米芾，1051—1107）.

編號：MG925

478. 御製訓飭士子文
清聖祖玄燁撰并書

清康熙四十一年（1702）正月

地點：陝西，西安，碑林

正書

1 幅。高 187 厘米，寬 75 厘米

著錄：碑林目 33.303

法釋：Instruction impériale aux étudiants.

編號：MG1062

479. 平定朔漠告成太學碑
Wargi amargi babe necihiyeme toktobuha doroi ilibuha tacikôi yamun i bei bithe

清聖祖玄燁撰并書

清康熙四十三年（1704）三月

舊藏：Henri d'Ollone

正書　滿文

1 幅。高 450 厘米，寬 166 厘米

著錄：北圖 66.58（廣西桂林碑）

法釋：Commémoration de la victoire sur les Eleuths（Kalmouks）.

編號：MG926

480. 重修西嶽廟碑
清康熙四十四年（1705）十月

地點：陝西，華陰，西嶽廟

舊藏：Victor Segalen, Gilbert de Voisins, Jean Lartigue

正書

1 幅。高 212 厘米，寬 87 厘米

法釋：Réfection du temple du mont Hua.

編號：MG590

481. 王陵常住碑記
馬注撰并書　石璠鐫字

清康熙四十八年（1709）

地點：雲南，昆明

舊藏：Henri d'Ollone

行書

1 幅。高 168 厘米，寬 79 厘米

著錄：d'Ollone-Vissière, Recherches sur les musulmans chinois, 95-115

法釋：Notice sur la « garde permanente » du mausolée du Sayyid Ajjal Shams al-Din Omar al-Bukhari（賽典赤贍思丁，1211—1279）gouverneur du Yunnan et prince de Xianyang（réplique）.

備注：清光緒六年（1880）翻刻

編號：MG738

482. 重修碑亭碑記
李珩書　張鐘、姚文思立石

清康熙五十九年（1720）七月

地點：陝西，西安，碑林

舊藏：Edouard Chavannes

正書

1 幅。高 172 厘米，寬 68 厘米

著錄：碑林目 35.323

法釋：Restauration des kiosques abritant les Classiques gravés sur pierre dans le temple de Confucius.

編號：MG792

483．大禹岣嶁碑
毛會建重刻
清康熙年間（1662—1722）
地點：陝西，西安，碑林
舊藏：Edouard Chavannes
古文書
1 幅。高 168 厘米，寬 80 厘米
著録：索引 481；金石 2；碑林目 36.327
法釋：Réplique de l'inscription dite de Yu le Grand.
編號：MG782.2

484．御製平定青海告成太學碑
Han i araha Huhu nor be necihiyeme toktobufi baita mutehe doroi tacikôi yamun de ilibure bei bithe
清世宗胤禛撰　憲德、黃廷桂立石
清雍正三年（1725）五月
地點：北京國字監
舊藏：Henri d'Ollone
正書　滿文
1 幅。高 300 厘米，寬 153 厘米
著録：北圖 68.35（北京國字監碑）
法釋：Commémoration de la victoire de l'empereur sur les Koshotes du Kokonor.
編號：MG927

485．望太白積雪詩
允禮撰并書
清雍正年間（1723—1735）
地點：陝西，西安，碑林
行書
1 幅。高 125 厘米，寬 36 厘米
著録：碑林目 38.357

法釋：Poème sur le mont Taibai（Shaanxi）.
編號：MG1064

486．御製平定金川告成太學碑文
Han-i araha Gin cuwan-i babe necihiyeme toktobufi amba tacikôi yamun sanggaha be alaha eldengge wehei bithe
清高宗弘曆撰并書　黃廷桂、岳鍾琪立石
清乾隆十四年（1749）四月
地點：北京國字監
舊藏：Henri d'Ollone
正書　滿文
1 幅。高 480 厘米，寬 170 厘米
著録：北圖 70.43（北京國字監碑）
法釋：Commémoration de la victoire sur le Jinchuan par Solobun.
編號：MG929

487．西安府碑洞石刻目録
篆額：石刻拔萃
柳覺先撰　邱仰文跋　柳雲培書　侯鈞題額　卜兆夢刻
清乾隆十六年（1751）五月
地點：陝西，西安，碑林
舊藏：Edouard Chavannes
正書　跋行草書
1 幅。高 182 厘米，寬 76 厘米
著録：碑林目 40.375
法釋：Liste des principales stèles du Beilin.
編號：MG793

488．御製平定準葛爾告成太學碑文
Han-i araha Jungar be necihiyeme boktobuha

gungge mutefi gurun-i tacikôi yamun de ilibuha eldengge wehei bithe

清高宗弘曆撰并書

清乾隆二十年（1755）五月

地點：北京國字監

舊藏：Henri d'Ollone

正書　滿文

1 幅。高 325 厘米，寬 175 厘米

著錄：北圖 71.59（北京國字監碑）

法釋：Commémoration de la victoire de l'empereur sur les Dzoungars.

編號：MG930

489．御製平定回部告成太學碑文

Han-i araha Hoise aiman be necihiyeme totobufi gurun-i tacikô de gungge mutebuhe jalin ilibure eldengge wehei bithe

清高宗弘曆撰并書

清乾隆二十四年（1759）十二月

地點：北京國字監

舊藏：Henri d'Ollone

正書　滿文

1 幅。高 465 厘米，寬 175 厘米

著錄：北圖 71.161（北京國字監碑）

法釋：Commémoration de la victoire de l'empereur sur les rebelles musulmans au Turkestan oriental.

編號：MG931

490．御製平定兩川告成太學碑

Han-i araha Zanla Cucin-i babe necihiyeme toktobufi amba tacikôi yamun de gungge mutehe be alaha eldengge wehei bithe

清高宗弘曆撰并書

清乾隆四十一年（1776）三月

地點：北京國字監

舊藏：Henri d'Ollone

滿漢文　篆額：御製

3 幅。高 425 厘米，寬 165 厘米；高 476 厘米，寬 165 厘米；高 171 厘米，寬 165 厘米

著錄：北圖 73.175-176（北京國字監碑）

法釋：Commémoration de la victoire de l'empereur sur les rebelles du Sichuan.

編號：MG933-935

491．重修西嶽廟碑

清高宗弘曆撰　畢沅書

清乾隆四十二年（1777）十月

地點：陝西，華陰，西嶽廟

舊藏：Victor Segalen, Gilbert de Voisins, Jean Lartigue

正書

1 幅。高 286 厘米，寬 108 厘米

著錄：華山 119

法釋：Réfection du temple du mont Hua.

編號：MG591

492．重修西嶽廟碑

清高宗弘曆撰　畢沅書

清乾隆四十二年（1777）十月

地點：陝西，華陰，西嶽廟

舊藏：不詳

正書

1 幅。高 275 厘米，寬 105 厘米

著錄：華山 119

法釋：Réfection du temple du mont Hua.

編號：MG1078

493．重修西嶽華山廟碑記
清高宗弘曆撰并書
清乾隆四十四年（1779）四月
地點：陝西，華陰，西嶽廟
舊藏：Victor Segalen, Gilbert de Voisins, Jean Lartigue
正書
1 幅。高 354 厘米，寬 108 厘米
法釋：Réfection du temple du mont Hua.
編號：MG592

494．廣陽陳信士捐施燈油地畝碑記
孫方懋撰　楊錦堂書　陳生富鐫字
清乾隆四十五年（1780）春月
地點：河南，龍門，潛溪寺
舊藏：Edouard Chavannes
正書
1 幅。高 138 厘米，寬 65 厘米
備注：篆額缺
法釋：Commémoration de la donation de terres et d'huile pour les lampes par Chen Xinshi de Guangyang.
編號：MG514

495．摹刻漢會仙友碑
申兆定摹寫
清乾隆五十一年（1786）二月
地點：陝西，西安，碑林
舊藏：Edouard Chavannes
隸書
1 幅。高 63 厘米，寬 36 厘米
著錄：碑林目 41.392
法釋：Réplique de l'inscription dite Hui xian you datée de 149.

備注：碑陽有摹刻漢裴岑紀功碑
編號：MG807

496．武氏祠翁方綱題記
原名：重立漢武氏祠石記
翁方綱撰并書
清乾隆五十二年（1787）十月
地點：山東，嘉祥
舊藏：Edouard Chavannes
隸并正書
7 幅。高 39 厘米，寬 95 厘米
著錄：Chavannes, Sculpture 圖 56-61, 63；漢畫 2.201-207
法釋：Note sur la restauration du sanctuaire de la famille Wu.
編號：MG92

497．武氏祠翁方綱題記
原名：重立漢武氏祠石記
翁方綱撰并書
清乾隆五十二年（1787）十月
地點：山東，嘉祥
舊藏：Edouard Chavannes
隸并正書
3 幅。高 30 厘米，寬 90 厘米
著錄：Chavannes, Sculpture 圖 56-61, 63
法釋：Trois des cinq estampages de la note sur la restauration du sanctuaire de la famille Wu.
編號：MGBibliothèque 16429, 16430, 16432

498．武氏祠錢泳題記
錢泳撰并書
清乾隆五十七年（1792）

地點：山東，嘉祥

舊藏：Edouard Chavannes

隸書

1 幅。高 38 厘米，寬 95 厘米

著錄：Chavannes, Sculpture 圖 62；漢畫 2.209-210

法釋：Ajout à la note sur la restauration du sanctuaire de la famille Wu.

編號：MG91

499. 蜀相詩

杜甫撰　周厚轅書

清乾隆五十九年（1794）

地點：四川，成都

舊藏：Victor Segalen, Gilbert de Voisins, Jean Lartigue

正書

1 幅。高 184 厘米，寬 82 厘米

法釋：Poème en hommage à Zhuge Liang.

編號：MG663

500. 重修咸陽王陵碑

清乾隆年間（1736—1795）

地點：雲南，昆明

舊藏：Henri d'Ollone

阿拉伯文

1 幅。高 56 厘米，寬 89 厘米

著錄：d'Ollone-Vissière, Recherches sur les musulmans chinois, 86-92

法釋：Restauration du mausolée du Sayyid Ajjal Shams al-Din Omar al-Bukhari（賽典赤贍思丁，1211 —1279），gouverneur du Yunnan et prince de Xianyang.

編號：MG730

501. 增建咸陽王陵前亭陵享堂碑記

清乾隆年間（1736—1795）

地點：雲南，昆明

舊藏：Henri d'Ollone

正書

1 幅。高 52 厘米，寬 98 厘米

著錄：d'Ollone-Vissière, Recherches sur les musulmans chinois, 86-92

法釋：Erection d'un pavillon et d'une salle d'offrandes au mausolée du Sayyid Ajjal Shams al-Din Omar al-Bukhari（賽典赤贍思丁，1211—1279），gouverneur du Yunnan et prince de Xianyang.

編號：MG731

502. 重修大殿新修二門碑記

清嘉慶十六年（1811）

地點：四川，成都

舊藏：Henri d'Ollone

正書　阿拉伯書額

2 本，1 幅。高 92 厘米，寬 91 厘米

著錄：d'Ollone-Vissière, Recherches sur les musulmans chinois, 219-220

法釋：Restauration de la Grande salle et construction d'une deuxième porte de la mosquée du Nord, avec fronton en arabe.

備注：阿拉伯書額還有三本（高 34 厘米，寬 66 厘米）

編號：MG711-712

503．泰山玉印文

徐宗幹書

清道光八年（1828）

地點：山東，泰安

舊藏：Edouard Chavannes

篆，正書　質地：木

1 幅。高 82 厘米，寬 52 厘米

著錄：Chavannes, T'ai-chan 圖 61，426-431

法釋：Inscription et note sur le sceau du mont Tai taillé vers 1008.

編號：MG274

504．高秀石祖母爲宜人誥命

清道光十四年（1834）十二月

地點：雲南，昆明

舊藏：Henri d'Ollone

正書，滿文　篆額：奉天誥命

1 幅。高 126 厘米，寬 58 厘米

法釋：Décret impérial conférant à l'aïeule de Gao Xiushi, née Yang 楊，le titre de parangon de bienséance（yiren）.

編號：MG752

505．巴蔓子墓題記

胡崑山撰

清道光十五年（1835）後

地點：重慶，七星崗

舊藏：Victor Segalen, Gilbert de Voisins, Jean Lartigue

正書

2 本，1 幅。高 87 厘米，寬 48 厘米

法釋：Note sur la tombe de Ba Manzi 巴蔓子（4e siècle A.C.）.

編號：MG667

506．吕祖真迹

華日來撰　沈朝陽、楊彙立石

清道光二十一年（1841）三月

地點：雲南，昆明

舊藏：Henri d'Ollone

正書

3 本，1 幅。高 150 厘米，寬 70 厘米

法釋：Traces écrites de Lü Dongbin（吕洞賓）en écriture cursive avec commentaires.

編號：MG936

507．重建漢沈府君神道碑亭記

閻檢書　王椿源立石

清道光二十九年（1849）

地點：四川，渠縣

舊藏：Victor Segalen, Gilbert de Voisins, Jean Lartigue

正書

1 幅。高 222 厘米，寬 92 厘米

著錄：Segalen, Art funéraire, 287（圖 208）

法釋：Commémoration de la construction du kiosque de la stèle funéraire du seigneur Shen des Han.

編號：MG534

508．彝文題記

清咸豐十年（1860）

地點：雲南，馬街

舊藏：Henri d'Ollone

彝文

1 幅。高 20 厘米，寬 89 厘米

著録：d'Ollone, Ecritures des peuples non chinois, 圖 5

法釋：Inscription fragmentaire.

編號：MG938

509. 大禹峋嶁碑

侯建功跋

清咸豐十一年（1861）三月

地點：甘肅，蘭州

舊藏：Henri d'Ollone

古文書　正書跋

1 幅。高 200 厘米，寬 90 厘米

著録：索引 481；金石 2

法釋：Réplique de l'inscription dite de Yu le Grand.

編號：MG939

510. 花甲重周壽字并跋

馬德昭書并跋

清同治三年（1864）

地點：陝西，西安，碑林

草書

1 幅。高 144 厘米，寬 85 厘米

著録：北林目 49.474

法釋：Un grand caractère shou tracé d'un seul trait, avec colophon.

編號：MG1070

511. 開張天岸馬奇逸人中龍題記

陳摶書　智水模寫

清同治七年（1868）

地點：河南，龍門，潛溪寺

舊藏：Edouard Chavannes

正書

2 幅。高 62 厘米，寬 202 厘米

著録：華北 2.325

法釋：Autographe de Chen Tuan avec colophons de Jia Changling（賈昌齡），appellation Yannian（延年，1040），Chen Zhaoyong（陳肇鏞，1868）et Lu Huang（路璜，1868）.

編號：MG513

512. 重修西岳廟記碑

左宗棠撰并書　張國鈞立石

清同治九年（1870）

地點：陝西，華陰，西嶽廟

篆書

1 幅。高 250 厘米，寬 71 厘米

著録：華山 183

法釋：Restauration du temple du pic de l'Ouest.

編號：MG1069

513. "如意"二字

馬德昭書

清同治九年（1870）

地點：陝西，西安，碑林

舊藏：Vladimir Petropavlovsky

草書

2 本，1 幅。高 42 厘米，寬 112 厘米

法釋：Deux grands caractères cursifs.

編號：MG1007

514．明十八忠碑

韋業祥撰并書

清光緒二年（1876）五月

地點：貴州，安龍縣，天榜山

舊藏：Henri d'Ollone

正書

2 幅。高 160 厘米，寬 82 厘米；高 158 厘米，寬 84 厘米

法釋：Inscription à la mémoire de 18 lettrés loyaux des Ming.

編號：MG940

515．藏漢文題記

清光緒四年（1878）

地點：四川，松潘

舊藏：Henri d'Ollone

正書，藏文

1 幅。高 62 厘米，寬 53 厘米

法釋：Inscription en chinois et en tibétain.

編號：MG756

516．重修武梁祠石室記

原名：重修武梁祠石室記

陳錦撰并書

清光緒六年（1880）

地點：山東，嘉祥

舊藏：Edouard Chavannes

正書

1 幅。高 63 厘米，寬 98 厘米

法釋：Note sur la restauration du sanctuaire de la famille Wu.

編號：MG93

517．重修武梁祠石室記

原名：重修武梁祠石室記

陳錦撰并書

清光緒六年（1880）

地點：山東，嘉祥

舊藏：Edouard Chavannes

正書

1 幅。高 63 厘米，寬 98 厘米

法釋：Note sur la restauration du sanctuaire de la famille Wu.

編號：MG94

518．重修賽典赤贍思丁之墓碑題記

清光緒六年（1880）春月

地點：雲南，昆明

舊藏：Henri d'Ollone

正書

1 幅。高 122 厘米，寬 57 厘米

著錄：d'Ollone-Vissière, Recherches sur les musulmans chinois, 93-94

法釋：Restauration du mausolée du Sayyid Ajjal Shams al-Din Omar al-Bukhari（賽典赤贍思丁，1211—1279）, gouverneur du Yunnan et prince de Xianyang.

編號：MG739

519．王稚子墓對聯

含澈書

清光緒八年（1882）

地點：四川，新都

舊藏：Victor Segalen, Gilbert de Voisins, Jean Lartigue

行書

2 幅。高 172 厘米，寬 35 厘米

法釋：Sentences parallèles concernant la tombe de Wang Zhizi（王稚子，？—105）avec commentaire.

編號：MG689-690

520. 王稚子墓題記

王文林、含澈撰并書

清光緒十六年（1890）

地點：四川，新都

舊藏：Victor Segalen, Gilbert de Voisins, Jean Lartigue

行，正書

1 幅。高 37 厘米，寬 198 厘米

法釋：Note concernant la tombe de Wang Zhizi（王稚子，？—105）.

編號：MG691

521. 大禹岣嶁碑

王琅然重刻

清（1644—1911）

地點：四川，成都

舊藏：Victor Segalen, Gilbert de Voisins, Jean Lartigue

古文書

1 幅。高 196 厘米，寬 111 厘米

著錄：索引 481；金石 2

法釋：Réplique de l'inscription dite de Yu le Grand.

編號：MG664

522. 大禹岣嶁碑

王琅然重刻

清（1644—1911）

地點：四川，成都

古文書

3 本，1 幅。高 197 厘米，寬 113 厘米

著錄：索引 481；金石 2

法釋：Réplique de l'inscription dite de Yu le Grand.

編號：MG1053

523. 諸葛亮琴題記

清（1644—1911）

地點：陝西，漢中

舊藏：Victor Segalen, Gilbert de Voisins, Jean Lartigue

正書

1 幅。高 108 厘米，寬 27 厘米

法釋：Inscription d'une date sur un luth supposé être celui de Zhuge Liang（章武元年，221）.

編號：MG623

524. 琴吟自敘

諸葛亮撰

清（1644—1911）

地點：陝西，漢中

舊藏：Victor Segalen, Gilbert de Voisins, Jean Lartigue

隸書

1 幅。高 37 厘米，寬 50 厘米

法釋：Texte sur la complainte du luth daté de la 5e année Jian'an（建安五年）.

編號：MG624

525．孤耳岩碑

清（1644—1911）

地點：貴州，赫章，古達

舊藏：Henri d'Ollone

彝文　正額

4 本，1 幅。高 112 厘米，寬 63 厘米

法釋：Inscription en écriture yi（lolo）.

編號：MG757

526．正藍旗居民題名

清（1644—1911）

地點：雲南，昆明

舊藏：Henri d'Ollone

正書　滿文

2 幅。高 110 厘米，寬 20 厘米；高 110 厘米，寬 20 厘米

法釋：Deux listes de noms de personnes de la bannière de Zhenglan.

編號：MG923

527．騎馬人并題記

年代不詳

地點不詳

舊藏：Edouard Chavannes

隸書

1 幅。高 48 厘米，寬 25 厘米

法釋：Cavalier et inscription relative à une stèle des Han（正直碑）.

編號：MG379

528．藏文真言

年代不詳

地點：四川，松潘

舊藏：Henri d'Ollone

藏文

1 幅。高 54 厘米，寬 96 厘米

法釋：Mantra d'Avalokiteśvara（Guanyin）et de Padmasambhava.

編號：MG748

529．藏文陁羅尼

年代不詳

地點：雲南，官渡，金剛塔

舊藏：Henri d'Ollone

蘭札字書

1 幅。高 31 厘米，寬 100 厘米

法釋：Dharani en écriture lantsa.

編號：MG750

530．藏文陁羅尼

年代不詳

地點：雲南，官渡，金剛塔

舊藏：Henri d'Ollone

蘭札字書

1 幅。高 29 厘米，寬 96 厘米

法釋：Dharani en écriture lantsa.

編號：MG751

531．藏文陁羅尼

年代不詳

地點：雲南，官渡，金剛塔

舊藏：Henri d'Ollone

蘭札字書

2 幅。高 31 厘米，寬 98 厘米；高 28 厘米，

寬 102 厘米

法釋：Dharani en écriture lantsa.

編號：MG1082

532. 孔子見延陵君子題字

別名：十字碑

年代不詳　唐宋明人題字五段

地點：江蘇，丹陽

舊藏：Edouard Chavannes

篆，正書　朱拓

1 幅。高 248 厘米，寬 106 厘米

法釋：Prétendu autographe de Confucius en 10 caractères.

備注：碑陰有改修吴延陵季子廟記

編號：MG781.1

法　帖

533. 懷素自叙帖
懷素撰并書
唐大曆元年（766）
地點不詳
草書
1 幅。高 160 厘米，寬 116 厘米
著録：索引 693；金石續 8
法釋：Autobiographie du moine Huaisu
（Qian Cangzhen，錢藏真）.
編號：MG1004

534. 篆書千字文并序
原名：篆書千字文序
周興嗣次韵　夢英書并題篆額　袁正己
書釋字
陶穀撰序文　皇甫儼書　安仁裕刊字　吳
廷祚建
宋乾德三年（965）十二月　五年（967）
九月
地點：陝西，西安，碑林
舊藏：Edouard Chavannes
篆，正書
2 幅。高 186 厘米，寬 83 厘米；高 236 厘米，
寬 96 厘米
著録：索引 693；金石 124；碑林目
11.85；北圖 37.17
法釋：Livre des mille mots en écriture

sigillaire avec préface en écriture régulière.
備注：兩面刻
編號：MG786-787

535. 楚頌帖
蘇軾書
清
地點不詳
舊藏：Victor Segalen, Gilbert de Voisins,
Jean Lartigue
行書
4 幅。高 104 厘米，寬 30 厘米
法釋：Calligraphie de l'éloge du pays de
Chu, appelé également « de la plantation des
orangers »（種橘帖）.
編號：MG627

536. 草書千字文
周興嗣編寫　懷素書　余子俊跋　秦旺刻
明成化六年（1470）
地點：陝西，西安，碑林
草書
3 幅。高 65 厘米，寬 143 厘米
著録：碑林 313.161
法釋：Livre des mille mots en écriture
cursive.

編號：MG1067

537. 重刻淳化閣帖卷一至十

集歷代名家書　費甲鑄重摹　卜棟、楊
復林、趙璧等刻字
清順治三年（1646）
地點：陝西，西安，碑林
舊藏：Victor Segalen, Gilbert de Voisins,
Jean Lartigue
正草隸篆書
260 幅。高 27 厘米，寬 31 厘米
著錄：碑林目 28.248
法釋：Recueil de modèles de calligraphie
réunis et gravés en 992 et regravés sous les Qing.
編號：MG707

538. 重刻淳化閣帖卷一到卷五

集歷代名家書　費甲鑄重摹　卜棟、楊
復林、趙璧等刻字
清順治三年（1646）
地點：陝西，西安，碑林
正草隸篆書
130 幅。高 26 厘米，寬 34 厘米
著錄：碑林目 28.248
法釋：Recueil de modèles de calligraphie
réunis et gravés en 992 et regravés sous les
Qing. Cinq premières sections.
編號：MG1054

539. 百壽圖

李元風書并跋　邱仲金刻
清嘉慶元年（1796）
地點：陝西，西安，碑林

舊藏：Vladimir Petropavlovsky
篆草書
2 本，1 幅。高 133 厘米，寬 59 厘米
著錄：碑林目 42.401
法釋：Cent exemples du caractère shou.
編號：MG1005

540. 百壽圖

李元風書并跋　邱仲金刻
清嘉慶元年（1796）
地點：陝西，西安，碑林
篆草書
2 本，1 幅。高 138 厘米，寬 60 厘米
著錄：碑林目 42.401
法釋：Cent exemples du caractère shou.
編號：MG1060

541. 黃庭堅詩

黃庭堅書　倪人坰跋　仇和刻
清咸豐三年（1853）
地點：陝西，西安，碑林
行書
6 幅。高 120 厘米，寬 34 厘米
著錄：碑林目 48.462
法釋：Poème de Huang Tingjian.
編號：MG1055

542. 前後出師表

諸葛亮撰　岳飛書　左宗棠、段繼謨跋
清同治十年（1871）七月　民國九年（1920）
七月
地點不詳
舊藏：Vladimir Petropavlovsky

草，正書

2本，6幅。高 134 厘米，寬 31 厘米

法釋：Deux mémoires à l'empereur attribués à Zhuge Liang.

編號：MG1020

543．前後出師表

諸葛亮撰　岳飛書　胡錫齡監工　樊登澐鐫字

清光緒四年（1878）七月

地點：陝西，西安

草，正書

8幅。高 56 厘米，寬 61 厘米

法釋：Deux mémoires à l'empereur attribués à Zhuge Liang.

編號：MG1058

544．後出師表

諸葛亮撰　岳飛書　胡錫齡監工　樊登澐鐫字

清光緒四年（1878）七月

地點：陝西，西安

草書

10幅。高 56 厘米，寬 63 厘米

法釋：Mémoire à l'empereur attribué à Zhuge Liang.

編號：MG1068

545．"兩邊山木合終日子規啼"題區

杜甫撰　潘鵠臣書　張元龍跋

清（1644—1911）

地點：四川，成都（？）

隸書

1幅。高 34 厘米，寬 160 厘米

法釋：Citation du poète Du Fu.

編號：MG1057

546．蘭亭集序

王羲之撰并書

？乙丑年子月

地點不詳

舊藏：Victor Segalen, Gilbert de Voisins, Jean Lartigue

行書

4幅。高 160 厘米，寬 88 厘米

法釋：Préface à la collection de poèmes du pavillon des Orchidées datée de 353（晋永和九年）.

編號：MG638

畫　像　石

547. 漢代畫像
東漢永平五年（62）
地點不詳
1幅。高48厘米，寬44厘米
法釋：Scène d'hommage.
備注：MG20574. 贗品（？）
編號：MG825

548. 南武陽皇聖卿闕西闕南面畫像
東漢元和三年（86）二月
地點：山東，費縣
舊藏：Edouard Chavannes
隸書
1幅。高114厘米，寬55厘米
著錄：華北1.230（圖155）；漢畫1.201-202
法釋：Pierre de la face sud du pilier ouest du « ministre » de Nanwuyang en quatre registres: scènes de combat, scène légendaire, scène de chasse, inscription.
編號：MG97

549. 南武陽皇聖卿闕西闕西面畫像
東漢元和三年（86）二月
地點：山東，費縣
舊藏：Edouard Chavannes
1幅。高112厘米，寬62厘米
著錄：漢畫1.205
法釋：Pierre de la face ouest du pilier ouest du « ministre » de Nanwuyang en quatre registres: 1. Etres fantastiques; 2. Scène de combat; 3. Animaux et cavaliers; 4. personnages.
備注：第五列不在
編號：MG102

550. 南武陽功曹闕東闕南面畫像
東漢元和三年至章和元年二月（86—87）
地點：山東，費縣
舊藏：Edouard Chavannes
1幅。高114厘米，寬60厘米
著錄：華北1.231（圖156）；漢畫1.211-213
法釋：Pierre de la face sud du pilier est de Nanwuyang en quatre registres: personnages mythologiques, chars et cavaliers, musiciens et danseurs.
編號：MG98

551. 南武陽東闕西面畫像
東漢元和三年至章和元年二月（86—87）
地點：山東，費縣

舊藏：Edouard Chavannes

隸書

1 幅。高 112 厘米，寬 54 厘米

著錄：華北 1.231（圖 157）；漢畫 1.216-217

法釋：Pierre de la face ouest du pilier est de Nanwuyang en quatre registres: personnages dont certains frappent un tambour.

編號：MG99

552. 南武陽東闕東面畫像

東漢元和三年至章和元年二月（86—87）

地點：山東，費縣

舊藏：Edouard Chavannes

1 幅。高 112 厘米，寬 52 厘米

著錄：漢畫 1.215

法釋：Pierre de la face est du pilier est de Nanwuyang en quatre registres: scènes mythologiques, chars et cavaliers.

編號：MG101

553. 南武陽東闕北面畫像

東漢元和三年至章和元年二月（86—87）

地點：山東，費縣

舊藏：Edouard Chavannes

1 幅。高 104 厘米，寬 62 厘米

著錄：漢畫 1.214

法釋：Pierre de la face nord du pilier est de Nanwuyang en quatre registres: le roi Cheng et le duc de Zhou, char, le tripode tiré des eaux.

編號：MG103

554. 南武陽功曹闕南闕南面下部畫像

東漢章和元年（87）二月

地點：山東，費縣

舊藏：Edouard Chavannes

隸書

1 幅。高 34 厘米，寬 57 厘米

著錄：華北 1.230（圖 154）；漢畫 1.207

法釋：4e registre de la face sud du pilier sud du gongcao de Nanwuyang: inscription.

備注：第一二三列，見 MG100（556 號）

編號：MG96

555. 南武陽功曹闕南闕南面上部畫像

東漢章和元年（87）二月

地點：山東，費縣

舊藏：Edouard Chavannes

1 幅。高 105 厘米，寬 62 厘米

著錄：漢畫 1.206

法釋：Trois registres supérieurs de la face sud du pilier sud du gongcao de Nanwuyang: inscription.

備注：第四列，見 MG96（555 號）

編號：MG100

556. 南武陽功曹闕南闕北面畫像

東漢章和元年（87）二月

地點：山東，費縣

舊藏：Edouard Chavannes

1 幅。高 114 厘米，寬 51 厘米

著錄：漢畫 1.208

法釋：Pierre de la face nord du pilier sud du gongcao de Nanwuyang: personnages, scène de chasse.

備注：第四列不在

編號：MG104

557. 馮煥闕樓部正面：青龍

東漢永寧二年（121）

地點：四川，渠縣，新民鄉

舊藏：Victor Segalen, Gilbert de Voisins, Jean Lartigue

1 幅。高 29 厘米，寬 58 厘米

著錄：四川 39-40，127（圖 158）

法釋：Face antérieure du pilier de Feng Huan: Qinglong.

編號：MG529

558. 馮煥闕樓部正面：玄武

東漢永寧二年（121）

地點：四川，渠縣，新民鄉

舊藏：Victor Segalen, Gilbert de Voisins, Jean Lartigue

3 幅。高 29 厘米，寬 58 厘米

著錄：四川 39-40，127（圖 159）

法釋：Face antérieure du pilier de Feng Huan: Xuanwu.

編號：MG530

559. 馮煥闕樓部第二層：菱紋

東漢永寧二年（121）

地點：四川，渠縣，新民鄉

舊藏：Victor Segalen, Gilbert de Voisins, Jean Lartigue

4 本，2 幅。高 2 1 厘米，寬 64 厘米；高 2 1 厘米，寬 92 厘米

著錄：四川 39-40，127

法釋：Décor géométrique du pilier de Feng

Huan.

編號：MG532

560. 文叔陽食堂畫像

東漢建康元年（144）八月

地點：山東，魚臺

舊藏：Edouard Chavannes

隸書

1 幅。高 84 厘米，寬 60 厘米

著錄：華北 1.233（圖 164）；漢畫 1.200

法釋：Pierre de la salle des Offrandes du tombeau de Wen Shuyang: deux personnages surmontés d'un oiseau et inscription en l'honneur de Wen Shuyang.

編號：MG111

561. 武氏祠西闕北面畫像及銘

東漢建和元年（147）三月

地點：山東，嘉祥

舊藏：Edouard Chavannes

隸書

1 幅。高 112 厘米，寬 90 厘米

著錄：索引 4；華北 1.118（圖 63）；漢畫 2.92-93

法釋：Face nord du pilier de l'ouest du Wu Liang ci en 4 registres: 1. Char et cavalier; 2. Scènes historiques; 3. Pushou et êtres fabuleux; 4. Inscription.

編號：MG28

562. 武氏祠西闕北面畫像及銘

東漢建和元年（147）三月

地點：山東，嘉祥

舊藏：Edouard Chavannes

隸書

1 幅。高 115 厘米，寬 100 厘米

著録：索引 4；華北 1.118（圖 63）；漢畫 2.92-93

法釋：Face nord du pilier de l'ouest du Wu Liang ci en 4 registres: 1. Char et cavalier; 2. Scènes historiques; 3. Pushou et êtres fabuleux; 4. Inscription.

編號：MG29

563．武氏祠西闕副柱西面畫像

東漢建和元年（147）三月

地點：山東，嘉祥

舊藏：Edouard Chavannes

1 幅。高 138 厘米，寬 39 厘米

著録：華北 1.122（圖 64）；漢畫 2.98

法釋：Face ouest du contrefort du pilier de l'Ouest du Wuliang ci: dragon et tigre.

編號：MG30

564．武氏祠西闕南面畫像

東漢建和元年（147）三月

地點：山東，嘉祥

舊藏：Edouard Chavannes

1 幅。高 185 厘米，寬 85 厘米

著録：索引 329；華北 1.119（圖 65）；漢畫 2.95

法釋：Face sud du pilier de l'ouest du Wu Liang ci en 5 registres: 1 et 3. Personnages debout; 2 et 5. Chars et cavaliers; 4. Scène de lutte（？）.

備注：五層石畫

編號：MG31

565．武氏祠西闕南面畫像

東漢建和元年（147）三月

地點：山東，嘉祥

舊藏：Edouard Chavannes

2 幅。高 112，110 厘米，寬 52，52 厘米

著録：索引 329；華北 1.119（圖 65）；漢畫 2.95

法釋：Face sud du pilier de l'ouest du Wu Liang ci en 5 registres: 1 et 3. Personnages debout; 2 et 5. Chars et cavaliers; 4. Scène de lutte（？）.

備注：五層石畫

編號：MG32

566．武氏祠西闕東面畫像

東漢建和元年（147）三月

地點：山東，嘉祥

舊藏：Edouard Chavannes

隸書

1 幅。高 184 厘米，寬 57 厘米

著録：索引 329；華北 1.120（圖 66）；漢畫 2.97

法釋：Face est du pilier de l'ouest du Wu Liang ci en 3 registres: 1 et 3. Personnages mythologiques et poissons; 2. Dragon.

備注：作刻"武氏祠"後人所做

編號：MG33

567．武氏祠西闕副柱北面畫像

東漢建和元年（147）三月

地點：山東，嘉祥

舊藏：Edouard Chavannes

1 幅。高 126 厘米，寬 57 厘米

著録：華北 1.121（圖 67）；漢畫 2.94

法釋：Face nord du contrefort du pilier de l'Ouest du Wuliang ci en 3 registres: 1. Cheval et personnages dans un pavillon; 2. Deux personnages prosternés devant un personnage assis; 3. Cavaliers.

編號：MG34

568．武氏祠西闕副柱南面畫像

東漢建和元年（147）三月

地點：山東，嘉祥

舊藏：Edouard Chavannes

1 幅。高 125 厘米，寬 57 厘米

著錄：華北 1.121（圖 68）；漢畫 2.96

法釋：Face sud du contrefort du pilier de l'Ouest du Wuliang ci en 3 registres: 1. Cheval et personnages dans un pavillon; 2. Scène historique; 3. Tigre.

編號：MG35

569．武氏祠東闕北面畫像

東漢建和元年（147）三月

地點：山東，嘉祥

舊藏：Edouard Chavannes

1 幅。高 180 厘米，寬 96 厘米

著錄：索引 329；華北 1.119（圖 69）；漢畫 2.104

法釋：Face nord du pilier de l'est du Wu Liang ci en 3 registres: 1. Deux cavaliers; 2. Effacé; 3. Pushou et être fabuleux.

編號：MG36

570．武氏祠東闕西面畫像

東漢建和元年（147）三月

地點：山東，嘉祥

舊藏：Edouard Chavannes

隸書

1 幅。高 171 厘米，寬 49 厘米

著錄：索引 329；華北 1.121（圖 70）；漢畫 2.109

法釋：Face ouest du pilier de l'est du Wu Liang ci en 3 registres: 1. Pushou; 2. Personnage mythologique, Fuxi（伏羲）; 3. Effacé.

備注：作刻"武氏祠"後人所做

編號：MG37

571．武氏祠東闕南面畫像

東漢建和元年（147）三月

地點：山東，嘉祥

舊藏：Edouard Chavannes

1 幅。高 180 厘米，寬 80 厘米

著錄：索引 329；華北 1.120（圖 71）；漢畫 2.107

法釋：Face sud du pilier de l'est du Wu Liang ci en 5 registres: 1, 3, 4. Personnages debout; 2. Etres fabuleux; 5. Char et cavalier.

編號：MG38

572．武氏祠東闕副柱東面畫像

東漢建和元年（147）三月

地點：山東，嘉祥

舊藏：Edouard Chavannes

1 幅。高 159 厘米，寬 36 厘米

著錄：華北 1.120（圖 72）；漢畫 2.108

法釋：Face est du contrefort du pilier de l'est du Wuliang ci en 2 registres: 1. Personnage mythologique; 2. Dragon et tigre.

編號：MG39

573. 武氏祠東闕副柱北面畫像

東漢建和元年（147）三月

地點：山東，嘉祥

舊藏：Edouard Chavannes

1 幅。高 126 厘米，寬 57 厘米

著録：華北 1.121（圖 73）；漢畫 2.105

法釋：Face nord du contrefort du pilier de l'est du Wuliang ci en 3 registres: 1. Cheval et personnages dans un pavillon; 2. Scène historique: le roi Cheng 成; 3. Char et cavalier.

編號：MG40

574. 武氏祠東闕副柱南面畫像

東漢建和元年（147）三月

地點：山東，嘉祥

舊藏：Edouard Chavannes

1 幅。高 144 厘米，寬 55 厘米

著録：華北 1.120（圖 74）；漢畫 2.106

法釋：Face sud du contrefort du pilier de l'est du Wuliang ci en 3 registres: 1. Cheval et personnages dans un pavillon; 2 et 3. Personnages debout.

編號：MG41

575. 武氏祠左石室屋頂後坡東段畫像

東漢建和元年（147）

地點：山東，嘉祥

舊藏：Edouard Chavannes

1 幅。高 110 厘米，寬 140 厘米

著録：索引 329；華北 1.207（圖 130）；漢畫 2.125

法釋：Section est du rampant arrière du plafond de la chapelle de gauche du sanctuaire de la famille Wu en 3 registres: 1. Scène mythologique; 2. Vie quotidienne; 3. Scène mythologique.

備注：此爲後石室一

編號：MG69

576. 武氏祠左石室屋頂前坡東段畫像

東漢建和元年（147）

地點：山東，嘉祥

舊藏：Edouard Chavannes

1 幅。高 111 厘米，寬 140 厘米

著録：索引 329；華北 1.208（圖 131）；漢畫 2.127

法釋：Section est du rampant antérieur du plafond de la chapelle de gauche du sanctuaire de la famille Wu en 3 registres: scènes mythologiques; Xiwang mu et Donwang gong.

備注：此爲後石室二

編號：MG70

577. 武氏祠左石室屋頂前坡西段畫像

東漢建和元年（147）

地點：山東，嘉祥

舊藏：Edouard Chavannes

1 幅。高 132 厘米，寬 140 厘米

著録：索引 329；華北 1.210（圖 132）；漢畫 2.129

法釋：Section ouest du rampant antérieur

du plafond de la chapelle de gauche du sanctuaire de la famille Wu en 4 registres: scènes mythologiques et scène de chasse.

備注：此爲後石室三

編號：MG71

578. 武氏祠左石室後壁橫額畫像：車騎

東漢建和元年（147）

地點：山東，嘉祥

舊藏：Edouard Chavannes

1 幅。高 29 厘米，寬 220 厘米

著録：索引 329；華北 1.213（圖 135）；漢畫 2.141-142

法釋：Dalle de la partie supérieure de la paroi du fond de la chapelle de gauche du sanctuaire de la famille Wu en 4 registres: scènes mythologiques et scène de chasse.

備注：此爲"後石室六"

編號：MG73

579. 武氏祠左石室西壁畫像：争戰

東漢建和元年（147）

地點：山東，嘉祥

舊藏：Edouard Chavannes

1 幅。高 126 厘米，寬 210 厘米

著録：索引 329；華北 1.214（圖 136）；漢畫 2.143

法釋：Dalle de la paroi ouest de la chapelle de gauche du sanctuaire de la famille Wu: scène de bataille sur un pont et alentour.

備注：此爲"後石室七"

編號：MG74

580. 武氏祠左石室隔梁東面畫像

東漢建和元年（147）

地點：山東，嘉祥

舊藏：Edouard Chavannes

1 幅。高 54 厘米，寬 114 厘米

著録：索引 329；華北 1.214（圖 139）；漢畫 2.144

法釋：Face est du gable de la chapelle de gauche du sanctuaire de la famille Wu: scène de bataille sur un pont et alentour.

備注：此爲"後石室八"

編號：MG77

581. 武氏祠左石室隔梁東面畫像

東漢建和元年（147）

地點：山東，嘉祥

舊藏：Edouard Chavannes

1 幅。高 54 厘米，寬 112 厘米

著録：索引 329；華北 1.214（圖 139）；漢畫 2.144

法釋：Face est du gable de la chapelle de gauche du sanctuaire de la famille Wu: scène de bataille sur un pont et alentour.

備注：此爲"後石室八"

編號：MG78

582. 武氏祠左石室西壁上部畫像

東漢建和元年（147）

地點：山東，嘉祥

舊藏：Edouard Chavannes

1 幅。高 47 厘米，寬 208 厘米

著録：索引 329；華北 1.214（圖 141）；漢畫 2.146

法釋：Dalle supérieure de la paroi ouest

de la chapelle de gauche du sanctuaire de la famille Wu: Xiwang mu, disciples de Confucius, chars et cavaliers.

備注：此爲"後石室十"

編號：MG79

583. 武氏祠左石室隔梁西面畫像

東漢建和元年（147）

地點：山東，嘉祥

舊藏：Edouard Chavannes

1 幅。高 46 厘米，寬 61 厘米

著錄：索引 329；華北 1.215（圖 140）；漢畫 2.145

法釋：Face ouest du gable de la chapelle de gauche du sanctuaire de la famille Wu: scène de bataille sur un pont et alentour.

備注：右部，此爲"後石室八"

編號：MG79 bis

584. 武氏祠左石室隔梁東面畫像

東漢建和元年（147）

地點：山東，嘉祥

舊藏：Edouard Chavannes

1 幅。高 54 厘米，寬 112 厘米

著錄：索引 329；華北 1.215（圖 140）；漢畫 2.145

法釋：Face ouest du gable de la chapelle de gauche du sanctuaire de la famille Wu: scène de bataille sur un pont et alentour.

備注：此爲"後石室八"

編號：MG80

585. 武氏祠西闕副柱南面上部畫像

東漢建和元年（147）三月

地點：山東，嘉祥

舊藏：Edouard Chavannes

1 幅。高 28 厘米，寬 70 厘米

著錄：華北 1.221（圖 144）

法釋：Partie supérieure de la face sud du contrefort du pilier de l'Ouest du Wuliang ci: tortue, serpent, oiseau rouge.

編號：MG82

586. 武氏祠西闕副柱西面上部畫像

東漢建和元年（147）三月

地點：山東，嘉祥

舊藏：Edouard Chavannes

1 幅。高 25 厘米，寬 50 厘米

著錄：華北 1.221（圖 145）

法釋：Partie supérieure de la face ouest du contrefort du pilier de l'Ouest du Wuliang ci: deux animaux.

編號：MG83

587. 武氏祠西闕副柱北面上部畫像

東漢建和元年（147）三月

地點：山東，嘉祥

舊藏：Edouard Chavannes

1 幅。高 24 厘米，寬 72 厘米

著錄：華北 1.221（圖 146）

法釋：Partie supérieure de la face nord du contrefort du pilier de l'Ouest du Wuliang ci: un cerf, un chien et son maître.

編號：MG84

588．武梁祠西壁畫像

東漢元嘉元年（151）

地點：山東，嘉祥

舊藏：Edouard Chavannes

隸書

1 幅。高 134 厘米，寬 112 厘米

著錄：索引 329；華北 1.126（圖 75）；
漢畫 2.114-116

法釋：Paroi ouest de la chapelle de Wu
Liang en 5 registres: 1. Xiwangmu 西王母;
2. Souverains mythiques de l'antiquité; 3.
Quatre exemples de piété filiale; 4. Assassins
célèbres; 5. Chars et cavaliers.

編號：MG42

589．武梁祠東壁畫像

東漢元嘉元年（151）

地點：山東，嘉祥

舊藏：Edouard Chavannes

隸書

1 幅。高 134 厘米，寬 112 厘米

著錄：索引 329；華北 1.126（圖 76）；
漢畫 2.117-121

法釋：Paroi est de la chapelle de Wu Liang
en 5 registres: 1. Dongwanggong 東王公; 2.
Femmes exemplaires; 3. Cinq exemples de
piété filiale; 4. Assassins célèbres; 5. Scènes
de la vie quotidienne.

編號：MG43

590．武梁祠後壁畫像

東漢元嘉元年（151）

地點：山東，嘉祥

舊藏：Edouard Chavannes

隸書

1 幅。高 134 厘米，寬 112 厘米

著錄：索引 329；華北 1.135（圖 77）；
漢畫 2.122-124

法釋：Paroi du fond de la chapelle de Wu
Liang en 4 registres: 1. Quatre exemples
de femmes exemplaires; 2. Six exemples
de piété filiale; 3. Cortège et scènes
anecdotiques; 4. Chars et cavaliers; 3 et
4，au centre: pavillon à deux étages avec
personnages assis et arbre de bon augure.

編號：MG44

591．武梁祠畫像祥瑞圖第一

東漢元嘉元年（151）

地點：山東，嘉祥

舊藏：Edouard Chavannes

隸書

1 幅。高 64 厘米，寬 220 厘米

著錄：索引 329；華北 1.166（圖 78）；
漢畫 2.190

法釋：Dalle du plafond de la chapelle de
Wu Liang: Etres et objets de bon augure.

編號：MG45

592．武梁祠畫像祥瑞圖第二

東漢元嘉元年（151）

地點：山東，嘉祥

舊藏：Edouard Chavannes

隸書

1 幅。高 64 厘米，寬 210 厘米

著錄：索引 329；華北 1.166（圖 79）；
漢畫 2.191

法釋：Dalle du plafond de la chapelle de

Wu Liang: Etres et objets de bon augure.

編號：MG46

593．武梁祠畫像祥瑞圖第三

東漢元嘉元年（151）

地點：山東，嘉祥

舊藏：Edouard Chavannes

隸書

1 幅。高 115 厘米，寬 60 厘米

著錄：索引 329；華北 1.166（圖 80）；

漢畫 2.192

法釋：Dalle du plafond de la chapelle de Wu Liang: Etres et objets de bon augure.

編號：MG47

594．武氏祠左石室第一石：王陵母等畫像

東漢建和元年至中平六年（147—189）

地點：山東，嘉祥

舊藏：Edouard Chavannes

隸書

1 幅。高 91 厘米，寬 88 厘米

著錄：索引 329；華北 1.194（圖 118）；

漢畫 2.148

法釋：Partie gauche de la première dalle de la chapelle de gauche du sanctuaire de la famille Wu: scènes anecdotiques concernant la mère de Wang Ling et autres. Inscription relative à la découverte de la pierre.

編號：MG59 bis

595．武氏祠左石室第一石：顏淑等畫像

東漢建和元年至中平六年（147—189）

地點：山東，嘉祥

舊藏：Edouard Chavannes

隸書

1 幅。高 63 厘米，寬 111 厘米

著錄：索引 329；華北 1.194（圖 119）；

漢畫 2.147

法釋：Partie droite de la première dalle de la chapelle de gauche du sanctuaire de la famille Wu: scènes anecdotiques concernant Yan Shou et autres.

編號：MG60

596．武氏祠左石室東壁上部畫像

東漢建和元年至中平六年（147—189）

地點：山東，嘉祥

舊藏：Edouard Chavannes

1 幅。高 60 厘米，寬 203 厘米

著錄：索引 329；華北 1.200（圖 121）；

漢畫 2.149

法釋：Partie supérieure de la deuxième dalle de la chapelle de gauche du sanctuaire de la famille Wu sur 2 registres: disciples de Confucius, chars et cavaliers.

備注：此爲左石室第二石

編號：MG61

597．武氏祠左石室東壁下部畫像

東漢建和元年至中平六年（147—189）

地點：山東，嘉祥

舊藏：Edouard Chavannes

1 幅。高 60 厘米，寬 206 厘米

著錄：索引 329；華北 1.200-201（圖 122）；漢畫 2.152

法釋：Partie inférieure de la deuxième dalle de la chapelle de gauche du sanctuaire de la famille Wu: à gauche, banquet, chars et cavaliers, cuisine; à droite, Qin Shi huangdi et le trépied des Zhou.

備注：此爲左石室第三石

編號：MG62

598. 武氏祠左石室後壁下部小龕西側畫像

東漢建和元年至中平六年（147—189）

地點：山東，嘉祥

舊藏：Edouard Chavannes

隸書

1 幅。高 77 厘米，寬 62 厘米

著録：索引 329；華北 1.201（圖 123）；漢畫 2.155-157

法釋：Dalle inférieure de droite de la paroi du fond de la chapelle de gauche du sanctuaire de la famille Wu sur 3 registres: 1. Scène historique; 2. Jing Ke tente d'assassiner le roi de Qin; 3. Fuxi et Nüwa.

備注：此爲左石室第四石

編號：MG63

599. 武氏祠左石室後壁下部西側小龕畫像

東漢建和元年至中平六年（147—189）

地點：山東，嘉祥

舊藏：Edouard Chavannes

1 幅。高 76 厘米，寬 64 厘米

著録：索引 329；華北 1.202（圖 124）；漢畫 2.158-159

法釋：Dalle inférieure de gauche de la paroi du fond de la chapelle de gauche du sanctuaire de la famille Wu sur 3 registres: Scènes historiques et mythologiques.

備注：此爲左石室第五石

編號：MG64

600. 武氏祠左石室後壁東段承檐枋畫像：孔門弟子

東漢建和元年至中平六年（147—189）

地點：山東，嘉祥

舊藏：Edouard Chavannes

1 幅。高 29 厘米，寬 140 厘米

著録：索引 329；華北 1.203（圖 125）；漢畫 2.160

法釋：Dalle de l'entablement de la paroi du fond de la chapelle de gauche du sanctuaire de la famille Wu: disciples de Confucius.

備注：此爲左石室第六石

編號：MG65

601. 武氏祠左石室小龕東壁畫像

東漢建和元年至中平六年（147—189）

地點：山東，嘉祥

舊藏：Edouard Chavannes

1 幅。高 69 厘米，寬 71 厘米

著録：索引 329；華北 1.203-205（圖 127）；漢畫 2.161

法釋：Paroi est d'une niche de la chapelle de gauche du sanctuaire de la famille Wu en 3 registres: 1. Scène historique; 2. Yanzi; 3. Char et cavalier.

備注：此爲左石室第七石

編號：MG66

602. 武氏祠左石室小龕西壁畫像

東漢建和元年至中平六年（147—189）

地點：山東，嘉祥

舊藏：Edouard Chavannes

1 幅。高 70 厘米，寬 72 厘米

著錄：索引 329；華北 1.205（圖 128）；
漢畫 2.162

法釋：Paroi ouest d'une niche de la chapelle de gauche du sanctuaire de la famille Wu en 4 registres: 1. Piété filiale; 2. Femmes exemplaires; 3. Le roi Cheng; 4. Char et cavaliers.

備注：此爲左石室第八石

編號：MG67

603. 武氏祠左石室小龕後壁畫像

東漢建和元年至中平六年（147—189）

地點：山東，嘉祥

舊藏：Edouard Chavannes

1 幅。高 70 厘米，寬 145 厘米

著錄：索引 329；華北 1.206（圖 129）；
漢畫 2.164

法釋：Paroi du fond d'une niche de la chapelle de gauche du sanctuaire de la famille Wu en 2 registres: 1. Scène d'hommage dans un pavillon à deux étages, scribe, arbre aux branches entrelacées; 2. Chars et cavaliers.

備注：此爲左石室第九石

編號：MG68

604. 武氏祠石畫像蔡題一石

東漢建和元年至中平六年（147—189）

地點：山東，嘉祥

舊藏：Edouard Chavannes

1 幅。高 62 厘米，寬 110 厘米

著錄：華北 1.220（圖 138）

法釋：Pierre du sanctuaire de la famille Wu non localisée.

備注：上有清光緒壬午年（1882）蔡氏題跋

編號：MG75

605. 武氏祠石畫像蔡題一石

東漢建和元年至中平六年（147—189）

地點：山東，嘉祥

舊藏：Edouard Chavannes

1 幅。高 57 厘米，寬 125 厘米

著錄：華北 1.220（圖 138）

法釋：Pierre du sanctuaire de la famille Wu non localisée.

備注：上有清光緒壬午年（1882）蔡氏題跋

編號：MG76

606. 武氏祠何饋等畫像

東漢建和元年至中平六年（147—189）

地點：山東，嘉祥

舊藏：Edouard Chavannes

隸書

1 幅。高 53 厘米，寬 53 厘米

著錄：索引 329；華北 1.216（圖 143）；
漢畫 2.193

法釋：Pierre du sanctuaire de la famille Wu non localisée: scènes historiques et anecdotiques, He Kui 何饋 , Cheng Ying 程嬰 et Hui de Liu 柳惠 .

備注：上有清光緒壬辰年（1892）題字

編號：MG81

607．武氏祠畫像

東漢建和元年至中平六年（147—189）

地點：山東，嘉祥

舊藏：Edouard Chavannes

1 幅。高 46 厘米，寬 112 厘米

法釋：Dalle très endommagée du sanctuaire de la famille Wu: tigre ou dragon.

編號：MG85

608．武氏祠畫像

東漢建和元年至中平六年（147—189）

地點：山東，嘉祥

舊藏：Edouard Chavannes

1 幅。高 56 厘米，寬 112 厘米

法釋：Dalle très endommagée du sanctuaire de la famille Wu: dragon et personnage.

編號：MG86

609．武氏祠畫像

東漢建和元年至中平六年（147—189）

地點：山東，嘉祥

舊藏：Edouard Chavannes

1 幅。高 58 厘米，寬 47 厘米

法釋：Dalle très endommagée du sanctuaire de la famille Wu: chevaux.

編號：MG87

610．武氏祠畫像

東漢建和元年至中平六年（147—189）

地點：山東，嘉祥

舊藏：Edouard Chavannes

1 幅。高 38 厘米，寬 56 厘米

法釋：Dalle très endommagée du sanctuaire de la famille Wu: dragon.

編號：MG88

611．武氏祠武榮祠前石室後壁畫像：孔門弟子

東漢建寧元年至中平六年（168—189）

地點：山東，嘉祥

舊藏：Edouard Chavannes

隸書

1 幅。高 29 厘米，寬 140 厘米

著錄：索引 329；華北 1.174（圖 103）；漢畫 2.166-167

法釋：Dalle supérieure de la paroi du fond de la pièce antérieure de la chapelle de Wu Rong: disciples de Confucius.

備注：此爲前石室第一

編號：MG48

612．武氏祠前石室東壁下右畫像：歷史故事，車騎，案樂

東漢建寧元年至中平六年（168—189）

地點：山東，嘉祥

舊藏：Edouard Chavannes

隸書

1 幅。高 78 厘米，寬 198 厘米

著錄：索引 329；華北 1.182（圖 104）；漢畫 2.176-177

法釋：Dalle inférieure de la paroi est de la pièce antérieure de la chapelle de Wu Rong（武榮）en 4 registres: 1 et 2. Exemples de vertu et de piété filiale; 3. Chars, banquet; 4.

Scènes de cuisine.

備注：此爲前石室第七

編號：MG49

613．武氏祠前石室前壁承檐枋東段畫像

東漢建寧元年至中平六年（168—189）

地點：山東，嘉祥

舊藏：Edouard Chavannes

隸書

1 幅。高 31 厘米，寬 154 厘米

著錄：索引 329；華北 1.188（圖 120）；漢畫 2.180-181

法釋：Dalle de l'entablement de la paroi de devant de la pièce antérieure de la chapelle de Wu Rong: chars et cavaliers.

備注：此爲前石室第九

編號：MG60 bis

614．武氏祠前石室東壁上石畫像：孔門弟子，車騎

東漢建寧元年至中平六年（168—189）

地點：山東，嘉祥

舊藏：Edouard Chavannes

隸書

1 幅。高 64 厘米，寬 200 厘米

著錄：索引 329；華北 1.174（圖 105）；漢畫 2.168-169

法釋：Dalle supérieure de la paroi est de la pièce antérieure de la chapelle de Wu Rong en 2 registres: 1. Disciples de Confucius; 2. Chars et cavaliers.

備注：此爲前石室第二

編號：MG50

615．武氏祠前石室西壁上石畫像：孔門弟子，車騎

東漢建寧元年至中平六年（168—189）

地點：山東，嘉祥

舊藏：Edouard Chavannes

隸書

1 幅。高 50 厘米，寬 200 厘米

著錄：索引 329；華北 1.174（圖 106）；漢畫 2.173

法釋：Dalle supérieure de la paroi ouest de la pièce antérieure de la chapelle de Wu Rong en 2 registres: 1. Disciples de Confucius; 2. Chars et cavaliers.

備注：此爲前石室第五

編號：MG51

616．武氏祠前石室小龕後壁畫像：車騎，樹，樓，人物

東漢建寧元年至中平六年（168—189）

地點：山東，嘉祥

舊藏：Edouard Chavannes

隸書

1 幅。高 70 厘米，寬 144 厘米

著錄：索引 329；華北 1.163（圖 107）；漢畫 2.170

法釋：Dalle de la paroi du fond de la petite niche de la pièce antérieure de la chapelle de Wu Rong en 2 registres: arbre aux branches entrelacées, personnages sous un pavillon à deux étages; chars et cavaliers.

備注：此爲前石室第三

編號：MG52

617. 武氏祠前石室後横額壁畫像：車騎

東漢建寧元年至中平六年（168—189）

地點：山東，嘉祥

舊藏：Edouard Chavannes

隸書

1幅。高23厘米，寬328厘米

著録：索引329；華北1.177（圖108）；漢畫2.171-172

法釋：Dalle de la partie supérieure de la paroi du fond de la pièce antérieure de la chapelle de Wu Rong: chars et cavaliers.

備注：此爲前石室第四

編號：MG53

618. 武氏祠前石室後横額壁畫像：車騎

東漢建寧元年至中平六年（168—189）

地點：山東，嘉祥

舊藏：Edouard Chavannes

隸書

1幅。高23厘米，寬328厘米

著録：索引329；華北1.177（圖108）；漢畫2.171-172

法釋：Dalle de la partie supérieure de la paroi du fond de la pièce antérieure de la chapelle de Wu Rong: chars et cavaliers.

備注：此爲前石室第四

編號：MGBibliothèque 16438

619. 武氏祠前石室三角隔梁石東面畫像：神仙，歷史故事，車騎

東漢建寧元年至中平六年（168—189）

地點：山東，嘉祥

舊藏：Edouard Chavannes

隸書

1幅。高60厘米，寬200厘米

著録：索引329；華北1.187（圖111 bis）；漢畫2.179

法釋：Dalle du pignon de la paroi est de la pièce antérieure de la chapelle de Wu Rong: divinité ailée, scène historique, chars et cavaliers.

備注：此爲前石室第八

編號：MGBibliothèque 16465

620. 武氏祠前石室三角隔梁石東面畫像：神仙，歷史故事，車騎

東漢建寧元年至中平六年（168—189）

地點：山東，嘉祥

舊藏：Edouard Chavannes

隸書

1幅。高60厘米，寬200厘米

著録：索引329；華北1.187（圖111 bis）；漢畫2.179

法釋：Dalle du pignon de la paroi est de la pièce antérieure de la chapelle de Wu Rong: divinité ailée, scène historique, chars et cavaliers.

備注：此爲前石室第八

編號：MG54

621. 武氏祠前石室三角隔梁石東面畫像：神仙，歷史故事，車騎

東漢建寧元年至中平六年（168—189）

地點：山東，嘉祥

舊藏：Edouard Chavannes

隸書

1 幅。高 60 厘米，寬 200 厘米

著録：索引 329；華北 1.187（圖 111）；漢畫 2.179

法釋：Dalle du pignon de la paroi est de la pièce antérieure de la chapelle de Wu Rong: divinité ailée, scène historique, chars et cavaliers.

備注：此爲前石室第八

編號：MG55

622．武氏祠前石室三角隔梁石西面畫像：神仙，歷史故事，車騎

東漢建寧元年至中平六年（168—189）

地點：山東，嘉祥

舊藏：Edouard Chavannes

隸書

1 幅。高 57 厘米，寬 192 厘米

著録：索引 329；華北 1.185（圖 112）；漢畫 2.178

法釋：Dalle du pignon de la paroi ouest de la pièce antérieure de la chapelle de Wu Rong: divinité ailée, scène historique, chars et cavaliers.

備注：此爲前石室第八東面

編號：MG56

623．武氏祠前石室後壁下右部畫像與小龕西壁畫像

東漢建寧元年至中平六年（168—189）

地點：山東，嘉祥

舊藏：Edouard Chavannes

隸書

1 幅。高 64 厘米，寬 162 厘米

著録：索引 329；華北 1.189（圖 113-

114）；漢畫 2.182-184

法釋：Partie inférieure des dalles de la paroi du fond et de la niche de la paroi ouest de la pièce antérieure de la chapelle de Wu Rong sur 3 registres: scènes historiques, banquet, chars et cavaliers.

備注：此爲前石室第十正面左面

編號：MG57

624．武氏祠前石室前壁承檐枋西段畫像

東漢建寧元年至中平六年（168—189）

地點：山東，嘉祥

舊藏：Edouard Chavannes

隸書

1 幅。高 29 厘米，寬 162 厘米

著録：索引 329；華北 1.193（圖 115）；漢畫 2.188-189

法釋：Dalle de l'entablement de la paroi de devant de la pièce antérieure de la chapelle de Wu Rong: chars et cavaliers.

備注：此爲前石室第十四

編號：MG58

625．武氏祠前石室前壁承檐枋西段畫像

東漢建寧元年至中平六年（168—189）

地點：山東，嘉祥

舊藏：Edouard Chavannes

隸書

1 幅。高 29 厘米，寬 162 厘米

著録：索引 329；華北 1.193（圖 115）；漢畫 2.188-189

法釋：Dalle de l'entablement de la paroi de

devant de la pièce antérieure de la chapelle de Wu Rong: chars et cavaliers.

備注：此爲前石室第十四

編號：MGBibliothèque 16425

626．武氏祠前石室後壁下左部畫像與小龕東壁畫像

東漢建寧元年至中平六年（168—189）

地點：山東，嘉祥

舊藏：Edouard Chavannes

隸書

2 幅。高 64 厘米，寬 160 厘米

著録：索引 329；華北 1.190（圖 116-117）；漢畫 2.185-187

法釋：Partie inférieure gauche de la dalle de la paroi du fond et dalle de la niche du mur est de la pièce antérieure de la chapelle de Wu Rong sur 4 et 3 registres: scènes mythologiques, piété filiale, chars et cavaliers; banquet, cuisine, musiciens.

備注：此爲前石室第十二十三

編號：MG59

627．武氏祠前石室屋頂前坡西段畫像

東漢建寧元年至中平六年（168—189）

地點：山東，嘉祥

舊藏：Edouard Chavannes

1 幅。高 112 厘米，寬 150 厘米

著録：索引 329；華北 1.212（圖 133）；漢畫 2.133-135

法釋：Section ouest du rampant antérieur du plafond de la chapelle antérieure du sanctuaire de la famille Wu en 4 registres: scènes mythologiques, divinités de la pluie

et de la foudre et Boisseau du nord.

備注：此爲後石室第四

編號：MG72

628．高頤闕右闕主闕闕身左側面畫像

東漢建安十四年（209）

地點：四川，雅安

舊藏：Victor Segalen, Gilbert de Voisins, Jean Lartigue

2 幅。高 52 厘米，寬 60 厘米

著録：四川 32，205（圖 88）

法釋：Partie de la frise du pilier funéraire droit de Gao Yi: char et cavaliers.

編號：MG552

629．高頤闕右闕主闕闕身正面畫像

東漢建安十四年（209）

地點：四川，雅安

舊藏：Victor Segalen, Gilbert de Voisins, Jean Lartigue

2 幅。高 52 厘米，寬 136 厘米

著録：四川 32，204（圖 84）

法釋：Face antérieure de la frise du pilier funéraire droit de Gao Yi: char et cavaliers.

編號：MG553

630．高頤闕右闕主闕闕身背面畫像

東漢建安十四年（209）

地點：四川，雅安

舊藏：Victor Segalen, Gilbert de Voisins, Jean Lartigue

2 幅。高 52 厘米，寬 146 厘米

著録：四川 32，107（圖 91）

法釋：Face postérieure de la frise du pilier funéraire droit de Gao Yi: char et cavaliers.

編號：MG554

631. 高頤闕右闕耳闕樓部背面上層畫像

東漢建安十四年（209）

地點：四川，雅安

舊藏：Victor Segalen, Gilbert de Voisins, Jean Lartigue

1 幅。高 30 厘米，寬 114 厘米

著録：四川 32，107（圖 95）

法釋：Registre supérieur du revers du contrefort du pilier funéraire droit de Gao Yi: char et cavaliers.

編號：MG557

632. 高頤闕右闕耳闕樓部右側面邊飾畫像

東漢建安十四年（209）

地點：四川，雅安

舊藏：Victor Segalen, Gilbert de Voisins, Jean Lartigue

2 幅。高 13 厘米，寬 84 厘米

法釋：Décor de la partie latérale droite du contrefort du pilier funéraire droit de Gao Yi.

編號：MG558

633. 高頤闕右闕邊飾畫像

東漢建安十四年（209）

地點：四川，雅安

舊藏：Victor Segalen, Gilbert de Voisins, Jean Lartigue

2 幅。高 13 厘米，寬 123 厘米

法釋：Décor du pilier funéraire droit de Gao Yi.

編號：MG559

634. 高頤闕右闕邊飾畫像

東漢建安十四年（209）

地點：四川，雅安

舊藏：Victor Segalen, Gilbert de Voisins, Jean Lartigue

1 幅。高 13 厘米，寬 48 厘米

法釋：Décor du pilier funéraire droit de Gao Yi.

編號：MG560

635. 高頤闕右闕邊飾畫像

東漢建安十四年（209）

地點：四川，雅安

舊藏：Victor Segalen, Gilbert de Voisins, Jean Lartigue

1 幅。高 13 厘米，寬 70 厘米

法釋：Décor du pilier funéraire droit de Gao Yi.

編號：MG561

636. 高頤闕右闕耳闕樓部正面畫像

東漢建安十四年（209）

地點：四川，雅安

舊藏：Henri d'Ollone（？）

1 幅。高 47 厘米，寬 122 厘米

著録：華北 1.248（圖 183）；四川 32，104（圖 85）

法釋：Frise du pilier droit du sanctuaire de

GaoYi: chars et cavaliers.

備注：見 MG556（638 號）

編號：MG125

637. 高頤闕右闕耳闕樓部正面畫像

東漢建安十四年（209）

地點：四川，雅安

舊藏：Henri d'Ollone

1 幅。高 31 厘米，寬 110 厘米

著錄：華北 1. 248（圖 183）；四川 32，104（圖 85）

法釋：Frise du pilier droit du sanctuaire de GaoYi: chars et cavaliers.

備注：見 MG125（637 號）

編號：MG556

638. 高頤闕右闕耳闕樓部右側面畫像

東漢建安十四年（209）

地點：四川，雅安

舊藏：Henri d'Ollone （？）

1 幅。高 47 厘米，寬 84 厘米

著錄：華北 1.248（圖 184）；四川 32，109（圖 101）

法釋：Frise du pilier droit du sanctuaire de GaoYi: chars et cavaliers.

備注：見 MG555（640 號）

編號：MG126

639. 高頤闕右闕耳闕樓部右側面畫像

東漢建安十四年（209）

地點：四川，雅安

舊藏：Henri d'Ollone

1 幅。高 31 厘米，寬 91 厘米

著錄：四川 31，109（圖 101）

法釋：Frise du pilier droit du sanctuaire de GaoYi: chars et cavaliers.

備注：見 MG126（639 號）

編號：MG555

640. 劉村洪福院畫像第二石

東漢（25—220）

地點：山東，嘉祥

舊藏：Edouard Chavannes

1 幅。高 92 厘米，寬 43 厘米

著錄：華北 1.224（圖 148）；漢畫 1.161

法釋：Deuxième pierre du temple Hongfu yuan en quatre registres: scène mythologique et personnages, tentative pour repêcher le tripode merveilleux.

編號：MG84 bis

641. 隋家莊關廟畫像弟一石

東漢（25—220）

地點：山東，嘉祥

舊藏：Edouard Chavannes

1 幅。高 53 厘米，寬 54 厘米

著錄：華北 1.227（圖 151）；漢畫 1.186

法釋：Pierre du temple de Guandi: musiciens, danseurs, jongleur, acrobate.

編號：MG94 bis

642. 泰安畫像二

東漢（25—220）

地點：山東，濟寧

舊藏：Edouard Chavannes

2 幅。高 111 厘米，寬 63 厘米

著録：Finsterbusch 2. 圖 273

法釋：Représentation du duc de Zhou.

編號：MG95

643．漢代畫像

東漢（25—220）

地點：山東

舊藏：Edouard Chavannes

1 幅。高 60 厘米，寬 60 厘米

著録：華北 1.232（圖 158）

法釋：Pierre non localisée en deux registres: danse et scène de cuisine.

編號：MG105

644．漢代畫像

東漢（25—220）

地點：山東

舊藏：Edouard Chavannes

1 幅。高 64 厘米，寬 58 厘米

著録：華北 1.232（圖 159）

法釋：Pierre non localisée en deux registres: 1. Animaux et scène de chasse; 2. Char et cavalier.

編號：MG106

645．漢代畫像

東漢（25—220）

地點：山東

舊藏：Edouard Chavannes

1 幅。高 56 厘米，寬 48 厘米

著録：華北 1.232（圖 160）；

Finsterbusch 2.793

法釋：Pierre non localisée en trois registres: 1. Musiciens; 2. Jongleur, acrobate et joueur de tambour; 3. Scène de cuisine.

編號：MG107

646．漢代畫像

東漢（25—220）

地點：山東

舊藏：Edouard Chavannes

1 幅。高 58 厘米，寬 48 厘米

著録：華北 1.232（圖 161）；

Finsterbusch 2.795

法釋：Pierre non localisée en trois registres: 1. La lune et deux personnages; 2. char; 3. Scène de chasse.

編號：MG108

647．漢代畫像

東漢（25—220）

地點：山東

舊藏：Edouard Chavannes

1 幅。高 62 厘米，寬 62 厘米

著録：華北 1.232-233（圖 162）；

Finsterbusch 2.796

法釋：Pierre non localisée en quatre registres: 1. Xiwangmu et six personnages; 2. Lièvres, corbeau et renard; 3. Char et cavalier; 4. Scène de chasse.

編號：MG109

648．漢代畫像

東漢（25—220）

地點：山東

舊藏：Edouard Chavannes

1 幅。高 62 厘米，寬 60 厘米

著錄：華北 1.233（圖 163）；漢畫 1.263

法釋：Pierre non localisée en trois registres: 1. Musiciens; 2. Acrobates, musiciens et tambour; 3. Scène de cuisine.

編號：MG110

649．鮑宅山鳳凰左部畫像

東漢（25—220）

地點：山東，臨沂

舊藏：Edouard Chavannes

1 幅。高 53 厘米，寬 46 厘米

著錄：華北 1.235（圖 165）；漢畫 1.219

法釋：Partie gauche de la pierre aux phénix du Baozhai shan: oiseau et inscription（鳳凰）.

備注：右部見 MG113（651 號）

編號：MG112

650．鮑宅山鳳凰右部畫像

東漢（25—220）

地點：山東，臨沂

舊藏：Edouard Chavannes

1 幅。高 52 厘米，寬 57 厘米

著錄：華北 1.235（圖 166）；漢畫 1.219

法釋：Partie droite de la pierre aux phénix du Baozhai shan: oiseau et inscription nommant Qinyuan（欽元）roi de Dong'an（東安王）.

備注：左部見 MG112（650 號）

編號：MG113

651．泰安畫像

東漢（25—220）

地點：山東，泰安

舊藏：Adolf Fischer

隸書

1 幅。高 224 厘米，寬 13 厘米

著錄：華北 1.241-242（圖 169）

法釋：Pierre découverte à proximité de Tai'an: personnages parmi lesquels le duc de Zhou et des disciples de Confucius.

編號：MG116

652．蘭山西門畫像

東漢（25—220）

地點：山東，臨沂

舊藏：Edouard Chavannes

2 本，1 幅。高 44 厘米，寬 78 厘米

著錄：華北 1.248（圖 173）；漢畫 1.216

法釋：Pierre où figurent des personnages, musiciens et tambour.

編號：MG117

653．臨沂畫像

東漢（25—220）

地點：山東，臨沂

舊藏：Edouard Chavannes

2 本，1 幅。高 30 厘米，寬 60 厘米

著錄：華北 1.248（圖 174）

法釋：Pierre où figure un dragon jaune（黃龍）.

編號：MG118

654．臨沂畫像

東漢（25—220）

地點：山東，臨沂
舊藏：Edouard Chavannes
2 本，1 幅。高 42 厘米，寬 140 厘米
著錄：華北 1.248（圖 175）
法釋：Pierre où figurent chars et cavaliers.
編號：MG119

655. 慈雲寺畫像

東漢（25—220）
地點：山東，晋陽山，慈雲寺
舊藏：Edouard Chavannes
1 幅。高 59 厘米，寬 55 厘米
著錄：華北 1.244（圖 176）；漢畫 2.34
法釋：Première pierre du Jinyang shan, en 3 registres: Xiwangmu, char et cavalier, scène de chasse.
編號：MG120

656. 更封殘字畫像

東漢（25—220）
地點：山東，滋陽（兖州）
舊藏：Edouard Chavannes
隸書
1 幅。高 90 厘米，寬 85 厘米
著錄：華北 1.248（圖 178）；漢畫 2.44
法釋：Pierre comportant deux piliers, deux arbres et des personnages, deux caractères:（更封）.
編號：MG121

657. 王右軍祠畫像

東漢（25—220）
地點：山東，臨沂，瑯琊書院

舊藏：Edouard Chavannes
1 幅。高 63 厘米，寬 71 厘米
著錄：華北 1.248（圖 179）；漢畫 1.218
法釋：Pierre du temple du youjun Wang: un personnage se prosternant devant un autre, char.
編號：MG122

658. 白楊樹村畫像

東漢（25—220）
地點：山東，鄒縣，白楊樹村，關帝廟左壁
舊藏：Edouard Chavannes
隸書
3 幅。高 62 厘米，寬 45 厘米
著錄：華北 1.245（圖 180）；漢畫 1.128
法釋：Personnage tenant une hache, quatre caractères:（食齊祠園）.
編號：MG123

659. 郭泰碑陰畫像

東漢（25—220）
地點：山東，濟寧，文廟
舊藏：Edouard Chavannes
2 本，1 幅。高 60 厘米，寬 140 厘米
著錄：華北 1.247（圖 182）；漢畫 2.41-42
法釋：Sculpture ornant le dos de la stèle de Guo Tai（mort en 169）: scène de chasse aux oiseaux; personnages assis et scène de danse.
編號：MG124

660. 漢代畫像：鈎騎四人及車騎

東漢（25—220）

地點不詳

舊藏：Edouard Chavannes

隸書

2 幅。高 96 厘米，寬 63 厘米

著録：華北 1.249（圖 186）

法釋：Pierre sculptée en deux registres: chars et cavaliers.

編號：MG127

661. 兩城山畫像三

東漢（25—220）

地點：山東，微山

舊藏：Edouard Chavannes

1 幅。高 80 厘米，寬 180 厘米

著録：華北 1.250（圖 187, 1250）；漢畫 1.31

法釋：Troisième pierre de Liangcheng shan: animaux fantastiques.

編號：MG128

662.（傳）普照寺畫像

東漢（25—220）

地點：山東

舊藏：Edouard Chavannes

1 幅。高 40 厘米，寬 133 厘米

著録：華北 1.250（圖 188）

法釋：Frise de chars et cavaliers.

備注：見 大村西崖，支那美術史彫塑編，圖 105

編號：MG129

663. 兩城山畫像十

東漢（25—220）

地點：山東，微山

舊藏：Edouard Chavannes

2 幅。高 95 厘米，寬 48 厘米

著録：華北 1.250（圖 189）；漢畫 1.44

法釋：Dixième pierre de Liangcheng shan: animaux（éléphant, chameau et hydre）, chars et cavalier.

編號：MG130

664. 射陽石門背面畫像

東漢（25—220）

地點：江蘇，寶應

舊藏：Edouard Chavannes

隸書

1 幅。高 115 厘米，寬 41 厘米

著録：華北 1.250-251（圖 190）

法釋：Pierre de la Porte de pierre de Sheyang: oiseau, pushou, homme armé.

備注：原石乾隆五十年（1785）發現

編號：MG131

665. 漢代畫像

東漢（25—220）

地點不詳

舊藏：Edouard Chavannes

1 幅。高 105 厘米，寬 35 厘米

著録：華北 1.250（圖 191）

法釋：Pierre sculptée en quatre registres: démon, oiseau, démon et quadrupède.

編號：MG132

666. 隋家莊關廟畫像第二石

東漢（25—220）

地點：山東，嘉祥

舊藏：Edouard Chavannes

1 幅。高 39 厘米，寬 135 厘米

著錄：華北 1.262（圖 1230）；漢畫 1.187

法釋：Pierre du temple de Guandi: chars et guerriers à pied.

編號：MG133

667. 上華林村畫像

東漢（25—220）

地點：山東，嘉祥

舊藏：Edouard Chavannes

1 幅。高 39 厘米，寬 164 厘米

著錄：華北 1.263（圖 1231）；漢畫 1.193

法釋：Pierre du temple de Zhenwu （真武）: chars et cavaliers.

編號：MG134

668. 郗家莊畫像

東漢（25—220）

地點：山東，嘉祥

舊藏：Edouard Chavannes

1 幅。高 38 厘米，寬 110 厘米

著錄：華北 1.263（圖 1233）；漢畫 1.188

法釋：Pierre trouvée à Xijiazhuang: char, cavalier et guerrier à pied.

編號：MG135

669. 嘉祥小學堂畫像

東漢（25—220）

地點：山東，嘉祥

舊藏：Edouard Chavannes

1 幅。高 42 厘米，寬 83 厘米

著錄：華北 1.263（圖 1234）；漢畫 1.165

法釋：Pierre trouvée à l'école primaire de Jiaxiang: deux chars, un cavalier.

編號：MG136

670. 商村畫像

東漢（25—220）

地點：山東，嘉祥

舊藏：Edouard Chavannes

1 幅。高 39 厘米，寬 157 厘米

著錄：華北 1.264（圖 1236）；漢畫 1.184

法釋：Pierre trouvée à Shangcun: chars et cavaliers.

編號：MG137

671. 漢代畫像

東漢（25—220）

地點：山東，嘉祥（？）

舊藏：Edouard Chavannes

1 幅。高 27 厘米，寬 52 厘米

著錄：華北 1.261（圖 1227）；漢畫 1.256

法釋：Pierre sculptée: char.

編號：MG138

672. 七日山畫像二

東漢（25—220）

地點：山東，嘉祥，聖壽寺

舊藏：Edouard Chavannes

1 幅。高 122 厘米，寬 31 厘米

著錄：華北 1.262（圖 1229）；漢畫 2.212

法釋：Pierre sculptée en six registres: combat, char, personnages.

編號：MG139

673．兩城山畫像

東漢（25—220）

地點：山東，微山

舊藏：Edouard Chavannes

1 幅。高 70 厘米，寬 130 厘米

著録：華北 1.266（圖 1239）；漢畫 1.32

法釋：Pierre sculptée en deux registres: scène d'offrandes, danse.

編號：MG140

674．兩城山畫像

東漢（25—220）

地點：山東，微山

舊藏：Edouard Chavannes

1 幅。高 78 厘米，寬 100 厘米

著録：華北 1.271（圖 1252）；漢畫 1.45

法釋：Pierre sculptée: personnage dans un pavillon; sur le toit génies et oiseaux.

編號：MG141

675．兩城山畫像

東漢（25—220）

地點：山東，微山

舊藏：Edouard Chavannes

1 幅。高 50 厘米，寬 62 厘米

著録：華北 1.271（圖 1253）；漢畫 1.45

法釋：Pierre sculptée: un pavillon à étage et un cheval.

編號：MG142

676．兩城山畫像

東漢（25—220）

地點：山東，微山

舊藏：Edouard Chavannes

1 幅。高 52 厘米，寬 52 厘米

著録：華北 1.271（圖 1255）；漢畫 1.39

法釋：Pierre sculptée en trois registres: personnages.

編號：MG143

677．兩城山畫像

東漢（25—220）

地點：山東，微山

舊藏：Edouard Chavannes

1 幅。高 42 厘米，寬 52 厘米

著録：華北 1.271（圖 1256）；漢畫 1.40

法釋：Pierre sculptée en trois registres: personnages.

編號：MG144

678．漢代畫像

東漢（25—220）

地點：山東

舊藏：Edouard Chavannes

1 幅。高 46 厘米，寬 112 厘米

法釋：Pierre sculptée: char et cavaliers.

編號：MG145

679．漢代畫像

東漢（25—220）

地點不詳

舊藏：Edouard Chavannes

2 幅。高 27 厘米，寬 50 厘米

法釋：Pierre sculptée au thème indéterminé.

編號：MG146

680．漢代畫像

東漢（25—220）

地點不詳

舊藏：Edouard Chavannes

1 幅。高 31 厘米，寬 100 厘米

法釋：Pierre sculptée: deux félidés.

編號：MG147

681．漢代畫像

東漢（25—220）

地點不詳

舊藏：Edouard Chavannes

1 幅。高 32 厘米，寬 112 厘米

法釋：Pierre sculptée: trois félidés.

編號：MG147 bis

682．漢代畫像

東漢（25—220）

地點不詳

舊藏：Edouard Chavannes

2 幅。高 30 厘米，寬 62 厘米

法釋：Pierre sculptée: un félidé.

編號：MG148

683．漢代畫像

東漢（25—220）

地點不詳

舊藏：Edouard Chavannes

1 幅。高 24 厘米，寬 44 厘米

法釋：Pierre sculptée: animal fantastique à cornes et écailles.

編號：MG148 bis

684．漢代畫像

東漢（25—220）

地點不詳

舊藏：Edouard Chavannes

2 本，1 幅。高 26 厘米，寬 95 厘米

法釋：Pierre sculptée: personnages.

編號：MG149

685．朱鮪石室畫像一

東漢（25—220）

地點：山東，金鄉

舊藏：北京中法漢學研究所

1 幅。高 54 厘米，寬 32 厘米

著錄：漢畫 1.133

法釋：Partie de la paroi intérieure ouest de la tombe de Zhu Wei（1er s.），registre supérieur gauche: scène de banquet.

備注：吉美圖書館 42379

編號：MG759-21

686．朱鮪石室畫像二

東漢（25—220）

地點：山東，金鄉

舊藏：北京中法漢學研究所

1 幅。高 21 厘米，寬 34 厘米

著錄：漢畫 1.134

法釋：Partie de la paroi intérieure ouest de la tombe de Zhu Wei（1er s.），registre supérieur: scène de banquet.

備注：吉美圖書館 42379

編號：MG759-19

687．朱鮪石室畫像三

東漢（25—220）

地點：山東，金鄉

舊藏：北京中法漢學研究所

1 幅。高 60 厘米，寬 47 厘米

著錄：漢畫 1.135

法釋：Partie de la paroi intérieure ouest de la tombe de Zhu Wei（1er s.），registre supérieur droit: scène de banquet.

備注：吉美圖書館 42379

編號：MG759-8

688．朱鮪石室畫像四

東漢（25—220）

地點：山東，金鄉

舊藏：北京中法漢學研究所

1 幅。高 62 厘米，寬 68 厘米

著錄：漢畫 1.136

法釋：Partie de la paroi intérieure ouest de la tombe de Zhu Wei（1er s.），registre supérieur droit: scène de banquet.

備注：吉美圖書館 42379

編號：MG759-16

689．朱鮪石室畫像五

東漢（25—220）

地點：山東，金鄉

舊藏：北京中法漢學研究所

1 幅。高 108 厘米，寬 39 厘米

著錄：漢畫 1.137

法釋：Partie de la paroi intérieure ouest de la tombe de Zhu Wei（1er s.），registre inférieur gauche: scène de banquet.

備注：吉美圖書館 42379

編號：MG759-7

690．朱鮪石室畫像六

東漢（25—220）

地點：山東，金鄉

舊藏：北京中法漢學研究所

1 幅。高 119 厘米，寬 37 厘米

著錄：漢畫 1.138

法釋：Partie de la paroi intérieure ouest de la tombe de Zhu Wei（1er s.），registre inférieur gauche: scène de banquet.

備注：吉美圖書館 42379

編號：MG759-9

691．朱鮪石室畫像七

東漢（25—220）

地點：山東，金鄉

舊藏：北京中法漢學研究所

1 幅。高 109 厘米，寬 50 厘米

著錄：漢畫 1.139

法釋：Partie de la paroi intérieure ouest de la tombe de Zhu Wei（1er s.），registre inférieur droit: scène de banquet.

備注：吉美圖書館 42379

編號：MG759-6

692．朱鮪石室畫像八

東漢（25—220）

地點：山東，金鄉

舊藏：北京中法漢學研究所

1 幅。高 121 厘米，寬 70 厘米

著錄：漢畫 1.140

法釋：Partie de la paroi intérieure ouest de

la tombe de Zhu Wei（1er s.）, registre
inférieur droit: scène de banquet.
備註：吉美圖書館 42379
編號：MG759-27

693. 朱鮪石室畫像九
東漢（25—220）
地點：山東，金鄉
舊藏：北京中法漢學研究所
1 幅。高 50 厘米，寬 42 厘米
著録：漢畫 1.141
法釋：Partie de la paroi nord de la tombe
de Zhu Wei（1er s.）, registre supérieur
gauche: scène de banquet.
備註：吉美圖書館 42379
編號：MG759-14

694. 朱鮪石室畫像十
東漢（25—220）
地點：山東，金鄉
舊藏：北京中法漢學研究所
1 幅。高 50 厘米，寬 88 厘米
著録：漢畫 1.142
法釋：Partie de la paroi nord de la tombe
de Zhu Wei（1er s.）, registre supérieur
gauche: scène de banquet.
備註：吉美圖書館 42379
編號：MG759-17

695. 朱鮪石室畫像十一
東漢（25—220）
地點：山東，金鄉
舊藏：北京中法漢學研究所

1 幅。高 51 厘米，寬 30 厘米
著録：漢畫 1.143
法釋：Partie de la paroi nord de la tombe
de Zhu Wei（1er s.）, registre supérieur
partie centrale: scène de banquet.
備註：吉美圖書館 42379
編號：MG759-13

696. 朱鮪石室畫像十二
東漢（25—220）
地點：山東，金鄉
舊藏：北京中法漢學研究所
1 幅。高 51 厘米，寬 92 厘米
著録：漢畫 1.144
法釋：Partie de la paroi nord de la tombe de
Zhu Wei（1er s.）, registre supérieur droit:
scène de banquet.
備註：吉美圖書館 42379
編號：MG759-18

697. 朱鮪石室畫像十三
東漢（25—220）
地點：山東，金鄉
舊藏：北京中法漢學研究所
1 幅。高 50 厘米，寬 49 厘米
著録：漢畫 1.145
法釋：Partie de la paroi nord de la tombe de
Zhu Wei（1er s.）, registre supérieur droit:
scène de banquet.
備註：吉美圖書館 42379
編號：MG759-12

698．朱鮪石室畫像十四
東漢（25—220）
地點：山東，金鄉
舊藏：北京中法漢學研究所
1 幅。高 110 厘米，寬 43 厘米
著録：漢畫 1.146
法釋：Partie de la paroi nord de la tombe de Zhu Wei（1er s.），registre inférieur gauche: scène de banquet.
備注：吉美圖書館 42379
編號：MG759-11

699．朱鮪石室畫像十五
東漢（25—220）
地點：山東，金鄉
舊藏：北京中法漢學研究所
1 幅。高 102 厘米，寬 29 厘米
著録：漢畫 1.147
法釋：Partie de la paroi nord de la tombe de Zhu Wei（1er s.），registre inférieur gauche: scène de banquet.
備注：吉美圖書館 42379
編號：MG759-10

700．朱鮪石室畫像十六
東漢（25—220）
地點：山東，金鄉
舊藏：北京中法漢學研究所
1 幅。高 110 厘米，寬 32 厘米
著録：漢畫 1.148
法釋：Partie de la paroi nord de la tombe de Zhu Wei（1er s.），registre inférieur gauche: scène de banquet.
備注：吉美圖書館 42379

編號：MG759-25

701．朱鮪石室畫像十七
東漢（25—220）
地點：山東，金鄉
舊藏：北京中法漢學研究所
1 幅。高 110 厘米，寬 42 厘米
著録：漢畫 1.149
法釋：Partie de la paroi nord de la tombe de Zhu Wei（1er s.），registre inférieur gauche: scène de banquet.
備注：吉美圖書館 42379
編號：MG759-26

702．朱鮪石室畫像十八
東漢（25—220）
地點：山東，金鄉
舊藏：北京中法漢學研究所
1 幅。高 110 厘米，寬 25 厘米
著録：漢畫 1.150
法釋：Partie de la paroi nord de la tombe de Zhu Wei（1er s.），registre inférieur droit: scène de banquet.
備注：吉美圖書館 42379
編號：MG759-24

703．朱鮪石室畫像十九
東漢（25—220）
地點：山東，金鄉
舊藏：北京中法漢學研究所
1 幅。高 108 厘米，寬 46 厘米
著録：漢畫 1.151
法釋：Partie de la paroi nord de la tombe de

Zhu Wei（1er s.），registre inférieur droit: scène de banquet.

備注：吉美圖書館 42379

編號：MG759-23

704. 朱鮪石室畫像二十

東漢（25—220）

地點：山東，金鄉

舊藏：北京中法漢學研究所

1 幅。高 53 厘米，寬 54 厘米

著録：漢畫 1.152

法釋：Partie de la paroi nord de la tombe de Zhu Wei（1er s.），registre inférieur droit: scène de banquet.

備注：吉美圖書館 42379

編號：MG759-3

705. 朱鮪石室畫像二十一

東漢（25—220）

地點：山東，金鄉

舊藏：北京中法漢學研究所

1 幅。高 110 厘米，寬 66 厘米

著録：漢畫 1.153

法釋：Partie de la paroi intérieure est de la tombe de Zhu Wei（1er s.），registre inférieur gauche: scène de banquet.

備注：吉美圖書館 42379

編號：MG759-1

706. 朱鮪石室畫像二十二

東漢（25—220）

地點：山東，金鄉

舊藏：北京中法漢學研究所

1 幅。高 111 厘米，寬 40 厘米

著録：漢畫 1.154

法釋：Partie de la paroi intérieure est de la tombe de Zhu Wei（1er s.），registre inférieur gauche: scène de banquet.

備注：吉美圖書館 42379

編號：MG759-4

707. 朱鮪石室畫像二十三

東漢（25—220）

地點：山東，金鄉

舊藏：北京中法漢學研究所

1 幅。高 112 厘米，寬 44 厘米

著録：漢畫 1.155

法釋：Partie de la paroi intérieure est de la tombe de Zhu Wei（1er s.），registre inférieur droit: scène de banquet.

備注：吉美圖書館 42379

編號：MG759-5

708. 朱鮪石室畫像二十四

東漢（25—220）

地點：山東，金鄉

舊藏：北京中法漢學研究所

1 幅。高 108 厘米，寬 38 厘米

著録：漢畫 1.156

法釋：Partie de la paroi intérieure est de la tombe de Zhu Wei（1er s.），registre inférieur droit: scène de banquet.

備注：吉美圖書館 42379

編號：MG759-2

709．朱鮪石室畫像二十五

東漢（25—220）

地點：山東，金鄉

舊藏：北京中法漢學研究所

1 幅。高 63 厘米，寬 53 厘米

著錄：漢畫 1.157

法釋：Partie de la paroi intérieure est de la tombe de Zhu Wei（1er s.），registre supérieur gauche: scène de banquet.

備注：吉美圖書館 42379

編號：MG759-22

710．朱鮪石室畫像二十六

東漢（25—220）

地點：山東，金鄉

舊藏：北京中法漢學研究所

1 幅。高 62 厘米，寬 21 厘米

著錄：漢畫 1.158

法釋：Partie d'une paroi de la tombe de Zhu Wei（1er s.）: créature volante.

備注：吉美圖書館 42379

編號：MG759-15

711．朱鮪石室畫像二十七

東漢（25—220）

地點：山東，金鄉

舊藏：北京中法漢學研究所

1 幅。高 34 厘米，寬 52 厘米

著錄：漢畫 1.159

法釋：Partie d'une paroi de la tombe de Zhu Wei（1er s.）: Xiwangmu.

備注：吉美圖書館 42379

編號：MG759-20

712．漢代畫像

東漢（25—220）

地點：山東

舊藏：北京中法漢學研究所

1 幅，3 張。高 34 厘米，寬 31 厘米；高 35 厘米，寬 57 厘米；高 33 厘米，寬 57 厘米

法釋：Trois fragments de pierres sculptées: 1. Personnage à la porte d'une demeure; 2. Cavalier et palefrenier; 3. Deux personnages portant un ballot.

備注：吉美圖書館 42380

編號：MG760

713．射陽石門畫像

東漢（25—220）

地點：江蘇，寶應

舊藏：北京中法漢學研究所

隸書

1 幅，2 張。高 125 厘米，寬 47 厘米；高 122 厘米，寬 42 厘米

法釋：Pierre du portique d'accès d'une tombe de Sheyang. A droite, trois scènes: Laozi, Confucius et un disciple, tambour, cuisine; à gauche: oiseau rouge, pushou et guerrier.

備注：吉美圖書館 42381

編號：MG761

714．西南鄉畫像

東漢（25—220）

地點：山東，滕縣

舊藏：北京中法漢學研究所

1 幅，3 張。高 66 厘米，寬 66 厘米

法釋：Pierre sculptée en deux registres: 1. Divinités et animaux fantastiques; 2. Char et cavaliers.

備注：吉美圖書館 42382

編號：MG762

715. 孝堂山祠中間東壁畫像

東漢（25—220）

地點：山東，肥城

舊藏：北京中法漢學研究所

隸書

1 幅。高 148 厘米，寬 205 厘米

著録：華北 1.84（圖 48）；漢畫 1.1-5

法釋：Paroi est de la chambre d'offrandes du Xiaotang shan, en six registres: Fu Xi et autres personnages dont le duc de Zhou et le roi Cheng （成王）, dans ce registre inscription de la 2e année Yongxing（305）, scènes des salutations et tribut; scènes à caractère historique; réception, cuisine et acrobates. Une inscription ajoutée à droite datée 9e année Tianbao（750）.

備注：吉美圖書館 42383

編號：MG763-1

716. 孝堂山祠中間西壁畫像

東漢（25—220）

地點：山東，肥城

舊藏：北京中法漢學研究所

隸書

1 幅。高 152 厘米，寬 194 厘米

著録：華北 1.78（圖 47，50）；漢畫 1.6-10

法釋：Paroi ouest de la chambre d'offrandes du Xiaotang shan, en quatre registres:

Xiwangmu, scènes de rencontre et d'offrandes, de chasse et de bataille, chars et cavaliers; deux inscriptions dont une datée de la 2e année Tai'an（303）.

備注：吉美圖書館 42383

編號：MG763-2

717. 孝堂山祠中間東西壁畫像

東漢（25—220）

地點：山東，肥城

舊藏：Edouard Chavannes

隸書

12 殘幅。

著録：華北 1.78（圖 47-48）

法釋：Douze fragments découpés des parois est et ouest de la chambre d'offrandes du Xiaotang shan.

編號：MG1074

718. 孝堂山祠中間北壁右部畫像

東漢（25—220）

地點：山東，肥城

舊藏：北京中法漢學研究所

隸書

1 幅。高 105 厘米，寬 184 厘米

著録：華北 1.75（圖 46）；漢畫 1.11-12

法釋：Partie droite de la paroi nord de la chambre d'offrandes du Xiaotang shan, en deux registres: chars et cavaliers, pavillon.

備注：吉美圖書館 42383

編號：MG763-3

719. 孝堂山祠中間北壁左部畫像

東漢（25—220）

地點：山東，肥城

舊藏：北京中法漢學研究所

隸書

1 幅。高 105 厘米，寬 184 厘米

著錄：華北 1.75（圖 45）；漢畫 1.13-14

法釋：Partie gauche de la paroi nord de la chambre d'offrandes du Xiaotang shan, en deux registres: chars et cavaliers, scène d'hommage.

備註：吉美圖書館 42383

編號：MG763-4

720. 孝堂山祠隔梁東面畫像

東漢（25—220）

地點：山東，肥城

舊藏：北京中法漢學研究所

隸書

1 幅。高 64 厘米，寬 200 厘米

著錄：華北 1.87（圖 52）；漢畫 1.15-17

法釋：Face est d'une dalle en forme de pignon du plafond du sanctuaire du Xiaotang shan: récupération du tripode d'une rivière, scènes de chasse et cortège.

備註：吉美圖書館 42383

編號：MG763-5

721. 孝堂山祠隔梁東面畫像

東漢（25—220）

地點：山東，肥城

舊藏：北京中法漢學研究所

隸書

1 幅。高 64 厘米，寬 200 厘米

著錄：華北 1.87（圖 52）；漢畫 1.15-17

法釋：Face est d'une dalle en forme de pignon du plafond du sanctuaire du Xiaotang shan: récupération du tripode d'une rivière, scènes de chasse et cortège.

編號：MGBibliothèque 無號

722. 孝堂山祠隔梁西面畫像

東漢（25—220）

地點：山東，肥城

舊藏：北京中法漢學研究所

隸書

1 幅。高 64 厘米，寬 200 厘米

著錄：華北 1.89（圖 51）；漢畫 1.18-20

法釋：Face ouest d'une dalle en forme de pignon du plafond du sanctuaire du Xiaotang shan: récupération de personnes tombées d'un char dans une rivière.

備註：吉美圖書館 42383

編號：MG763-6

723. 孝堂山祠隔梁西面畫像

東漢（25—220）

地點：山東，肥城

舊藏：北京中法漢學研究所

隸書

1 幅。高 64 厘米，寬 200 厘米

著錄：華北 1.89（圖 51）；漢畫 1.18-20

法釋：Face ouest d'une dalle en forme de pignon du plafond du sanctuaire du Xiaotang shan: récupération de personnes tombées d'un char dans une rivière.

編號：MGBibliothèque 16469

724．孝堂山祠隔梁下面畫像

東漢（25—220）

地點：山東，肥城

舊藏：北京中法漢學研究所

1 幅。高 28 厘米，寬 175 厘米

著録：華北 1.91（圖 53）；漢畫 1.21，23-24

法釋：Partie inférieure du pignon de la chambre d'offrandes du Xiaotang shan, en deux fragments: le soleil, la lune, la tisserande.

備注：吉美圖書館 42383

編號：MG763-7

725．孝堂山祠畫像

東漢（25—220）

地點：山東，肥城

舊藏：北京中法漢學研究所

1 幅。高 31 厘米，寬 112 厘米

著録：華北 1.93（圖 54）；漢畫 1.22，25-26

法釋：Ornement d'une pierre dissimulée derrière le siège du défunt de la chambre d'offrandes du Xiaotang shan.

備注：吉美圖書館 42383

編號：MG763-8

726．曹王墓畫像

東漢（25—220）

地點：山東，滕縣

舊藏：北京中法漢學研究所

1 幅。高 71 厘米，寬 86 厘米

著録：漢畫 2.55

法釋：Pierre du tombeau du prince de Cao,

en deux registres: 1. Scène historique（le roi Cheng）；2. Chars trainés par un dragon et par des poissons.

備注：吉美圖書館 42384

編號：MG764-1

727．曹王墓畫像

東漢（25—220）

地點：山東，滕縣

舊藏：北京中法漢學研究所

1 幅，2 張。高 68 厘米，寬 55 厘米

著録：漢畫 2.56

法釋：Pierre du tombeau du prince de Cao, en deux registres: 1. Scène de cuisine; 2. Personnages assis.

備注：吉美圖書館 42384

編號：MG764-2

728．襄王城畫像

東漢（25—220）

地點：山東，蕭縣（今屬安徽）

舊藏：北京中法漢學研究所

1 幅。高 62 厘米，寬 100 厘米

法釋：Pierre sculptée: Personnages assis dans un pavillon.

備注：吉美圖書館 42385

編號：MG765

729．牛頭山畫像

東漢（25—220）

地點：山東，蕭縣（今屬安徽）

舊藏：北京中法漢學研究所

1 幅。高 42 厘米，寬 104 厘米

法釋：Pierre sculptée: Deux serpents entrelacés dans trois cercles.

備注：吉美圖書館 42386（Finsterbusch 507 相近，從江蘇，後周窩）

編號：MG766

730．山東畫像

東漢（25—220）

地點：山東

舊藏：Odin（？）

1 幅。高 52 厘米，寬 70 厘米

法釋：Pierre sculptée: Deux personnages dans un pavillon et deux servantes, deux oiseaux.

備注：MG768 相近

編號：MG767

731．高廟畫像

東漢（25—220）

地點：山東，嘉祥

1 幅。高 52 厘米，寬 70 厘米

著録：漢畫 1.180

法釋：Pierre sculptée: Deux personnages dans un pavillon et deux servantes, deux dragons.

編號：MG768

732．漢代畫像

東漢（25—220）

地點不詳

1 幅。高 52 厘米，寬 70 厘米

法釋：Pierre sculptée: Cervidés sous un arbre, deux personnages féminins.

編號：MG769

733．高廟畫像

東漢（25—220）

地點：山東，嘉祥

1 幅。高 52 厘米，寬 75 厘米

著録：漢畫 1.179

法釋：Pierre sculptée: Musiciens et danseuses.

編號：MG770

734．山東畫像

東漢（25—220）

地點：山東

1 幅。高 52 厘米，寬 77 厘米

法釋：Pierre sculptée: Musiciens et danseuses.

編號：MG771

735．高廟畫像

東漢（25—220）

地點：山東，嘉祥

1 幅。高 52 厘米，寬 70 厘米

著録：漢畫 1.178

法釋：Pierre sculptée: Chars et cavaliers.

編號：MG772

736．沈府君闕右闕闕身東面第二層

東漢（25—220）

地點：四川，渠縣，新民鄉

舊藏：Victor Segalen, Gilbert de Voisins, Jean Lartigue

2 幅。高 17 厘米，寬 74 厘米
著録：四川 40，133（圖 180）
法釋：Face est du pilier ouest de Shen, deuxième registre: scène de chasse.
編號：MG525

737. 沈府君闕右闕闕身西面第二層

東漢（25—220）
地點：四川，渠縣，新民鄉
舊藏：Victor Segalen, Gilbert de Voisins, Jean Lartigue
2 幅。高 17 厘米，寬 74 厘米
著録：四川 40-41，133（圖 180）
法釋：Face ouest du pilier ouest de Shen, deuxième registre: ronde des singes.
編號：MG526

738. 沈府君闕左闕闕身東面二層

東漢（25—220）
地點：四川，渠縣，新民鄉
舊藏：Victor Segalen, Gilbert de Voisins, Jean Lartigue
2 本，1 幅。高 17 厘米，寬 74 厘米
著録：四川 40-41，131
法釋：Face est du pilier est de Shen, deuxième registre: scène à l'oiseau rouge.
編號：MG527

739. 沈府君闕左闕闕身西面二層

東漢（25—220）
地點：四川，渠縣，新民鄉
舊藏：Victor Segalen, Gilbert de Voisins, Jean Lartigue

2 幅。高 17 厘米，寬 74 厘米；高 17 厘米，寬 74 厘米
著録：四川 40-41，131（圖 172）
法釋：Face ouest du pilier est de Shen, deuxième registre: quadrupèdes et oiseau rouge; quadrupèdes et oiseau.
編號：MG528

740. 蘆山闕朱雀畫像

東漢（25—220）
地點：四川，雅安，蘆山
舊藏：Victor Segalen, Gilbert de Voisins, Jean Lartigue
2 本，1 幅。高 56 厘米，寬 55 厘米
法釋：Oiseau rouge sur une face d'un pilier de Lushan.
編號：MG701

741. 漢代畫像

東漢（25—220）
地點不詳
1 幅。高 48 厘米，寬 44 厘米
法釋：Scène d'hommage.
備注：MG20567，疑贋品
編號：MG826

742. 漢代畫像

東漢（25—220）
地點不詳
1 幅。高 48 厘米，寬 44 厘米
法釋：Cavalier devant la porte d'une cité.
備注：MG20568，疑贋品
編號：MG827

743. 漢代畫像
東漢（25—220）
地點：山東，滕縣
1 幅。高 93 厘米，寬 49 厘米
著録：漢畫 1.111
法釋：Image en trois registres: animaux fantastiques, pavillon et personnages, personnages assis.
編號：MG1079

744. 漢代畫像
東漢（25—220）
地點不詳
8 幅。高 31 厘米，寬 96 厘米；高 31 厘米，寬 97 厘米；高 20 厘米，寬 78 厘米；高 20 厘米，寬 78 厘米；高 20 厘米，寬 119 厘米；高 20 厘米，寬 119 厘米；高 17 厘米，寬 77 厘米；高 17 厘米，寬 77 厘米
法釋：Huit dalles funéraires: 1. Chars; 2. Cortège; 3-8. Chimères.
編號：MG1096

745. 永平五年畫像
北魏永平五年（512）
地點不詳
舊藏：MG20569
隸書
1 幅。高 44 厘米，寬 48 厘米
法釋：Deux scènes avec personnages agenouillés et assis.
編號：MG950

746. 北魏孝文帝禮佛圖
北魏景明元年至延昌四年（500—515）
地點：河南，龍門，賓陽洞
1 幅。高 216 厘米，寬 406 厘米
法釋：Procession de vénération du Buddha menée par l'empereur Xiaowen des Wei du Nord（règne 471—499）.
編號：MGBibliothèque D 10 38844

747. 天龍山羅漢像
北齊（550—577）
地點：山西，太原，天龍山
舊藏：Victor Segalen, Gilbert de Voisins, Jean Lartigue
2 本，1 幅。高 125 厘米，寬 53 厘米
法釋：Arhat tenant une boîte（à encens？），surmonté de trois petits buddhas. Grotte 2, paroi sud-est.
編號：MG676

748. 天龍山羅漢像
北齊（550—577）
地點：山西，太原，天龍山
舊藏：Victor Segalen, Gilbert de Voisins, Jean Lartigue
2 本，1 幅。高 126 厘米，寬 47 厘米
法釋：Arhat tenant une cassolette à encens, surmonté de deux petits buddhas. Grotte 2, paroi sud-ouest.
編號：MG677

749. 天龍山文殊像并供養人
北齊（550—577）

地點：山西，太原，天龍山

舊藏：Victor Segalen, Gilbert de Voisins, Jean Lartigue

2 本，1 幅。高 109 厘米，寬 39 厘米

法釋：Portrait de Manjuśri et deux donateurs au registre inférieur. Grotte 3, paroi sud-est.

編號：MG678

750. 天龍山祈禱者像

北齊（550—577）

地點：山西，太原，天龍山

舊藏：Victor Segalen, Gilbert de Voisins, Jean Lartigue

2 本，1 幅。高 90 厘米，寬 35 厘米

法釋：Orant. Grotte 3, paroi nord-est.

編號：MG679

751. 天龍山祈禱者像

北齊（550—577）

地點：山西，太原，天龍山

1 幅。高 93 厘米，寬 39 厘米

法釋：Orant. Grotte 3, paroi nord-est.

編號：MG1095D

752. 天龍山祈禱者像

北齊（550—577）

地點：山西，太原，天龍山

舊藏：Victor Segalen, Gilbert de Voisins, Jean Lartigue

3 本，1 幅。高 90 厘米，寬 35 厘米

法釋：Orant. Grotte 3, paroi nord-est.

編號：MG680

753. 天龍山祈禱者像

北齊（550—577）

地點：山西，太原，天龍山

1 幅。高 95 厘米，寬 35 厘米

法釋：Orant. Grotte 3, paroi nord-est.

編號：MG1095C

754. 天龍山羅漢像

北齊（550—577）

地點：山西，太原，天龍山

舊藏：Victor Segalen, Gilbert de Voisins, Jean Lartigue

2 本，1 幅。高 83 厘米，寬 36 厘米

法釋：Arhat tenant une cassolette. Grotte 3, paroi nord-est.

編號：MG681

755. 天龍山羅漢像

北齊（550—577）

地點：山西，太原，天龍山

1 幅。高 93 厘米，寬 35 厘米

法釋：Arhat tenant une cassolette. Grotte 3, paroi nord-est.

編號：MG1095A

756. 天龍山羅漢像

北齊（550—577）

地點：山西，太原，天龍山

舊藏：Victor Segalen, Gilbert de Voisins, Jean Lartigue

4 本，1 幅。高 87 厘米，寬 40 厘米

法釋：Arhat tenant un petit sac. Grotte 3, paroi du fond.

編號：MG682

757．天龍山羅漢像

北齊（550—577）

地點：山西，太原，天龍山

1 幅。高 93 厘米，寬 35 厘米

法釋：Arhat tenant un petit sac. Grotte 3，paroi du fond.

編號：MG1095B

758．天龍山佛像

北齊（550—577）

地點：山西，太原，天龍山

舊藏：Victor Segalen, Gilbert de Voisins, Jean Lartigue

1 幅。高 40 厘米，寬 35 厘米

法釋：Buddha méditant sous un arbre. Grotte 3，paroi de droite.

編號：MG683

759．天龍山供養人像

北齊（550—577）

地點：山西，太原，天龍山

舊藏：Victor Segalen, Gilbert de Voisins, Jean Lartigue

1 幅。高 46 厘米，寬 42 厘米

法釋：Trois donateurs. Grotte 3，paroi sud-est. Registre inférieur d'une image de Vimalakirti.

編號：MG684

760．天龍山供養人像

北齊（550—577）

地點：山西，太原，天龍山

舊藏：Victor Segalen, Gilbert de Voisins, Jean Lartigue

1 幅。高 44 厘米，寬 15 厘米

法釋：Donateur. Grotte 3，paroi sud-est.

編號：MG685

761．造像供養人

北朝（386—581）

地點不詳

舊藏：Victor Segalen, Gilbert de Voisins, Jean Lartigue

1 幅。高 31 厘米，寬 90 厘米

法釋：Donateurs de part et d'autre d'une niche.

編號：MG703

762．昭陵六駿圖

閻立德、閻立本畫

唐貞觀年間（627—649）

地點：陝西，昭陵

舊藏：伯希和

6 幅。高 138 厘米，寬 200 厘米

法釋：Les six coursiers de l'empereur Taizong des Tang.

編號：MG831

763．大雁塔東門眉佛像

唐（618—907）；明嘉靖二十三年至萬曆八年（1544—1580）

地點：陝西，西安，大雁塔

舊藏：Victor Segalen, Gilbert de Voisins,
Jean Lartigue

正，行書

3 本，1 幅。高 78 厘米，寬 110 厘米

法釋：Scène bouddhique sur le tympan de
la porte est de la Grande pagode de l'Oie
sauvage, couverte d'inscriptions de visiteurs.

編號：MG634

764. 大雁塔西門眉佛像

唐（618—907）；宋大觀元年至明萬曆
十一年（1107— 1583）

地點：陝西，西安，大雁塔

舊藏：Victor Segalen, Gilbert de Voisins,
Jean Lartigue

隸，正，行書

3 本，1 幅。高 74 厘米，寬 110 厘米

法釋：Scène de paradis bouddhique
sur le tympan de la porte ouest de la
Grande pagode de l'Oie sauvage, couverte
d'inscriptions de visiteurs.

編號：MG635

765. 游師雄題六駿碑

原名：游師雄撰運判奉議游公題六駿碑

刁玠書　吕由聖立石　武宗道刊

宋元祐四年（1089）五月

地點：陝西，昭陵

舊藏：Edouard Chavannes

正書

1 幅。高 156 厘米，寬 89 厘米

著録：索引 596；金石 139

法釋：Eloge et représentation des six
coursiers de l'empereur Taizong des Tang.

編號：MG773

766. 王維畫竹

王維畫　郭皓模　游師雄題　孟永刊

宋元祐六年（1091）

地點：陝西，西安，碑林

舊藏：Edouard Chavannes

正書

1 幅。高 143 厘米，寬 68 厘米

著録：碑林 15.115

法釋：Bambous par Wang Wei avec
inscription.

編號：MG176

767. 王維畫竹

王維畫　郭皓模　游師雄題　孟永刊

宋元祐六年（1091）

地點不詳

舊藏：Edouard Chavannes

正書

1 幅。高 150 厘米，寬 47 厘米

法釋：Bambous par Wang Wei avec
inscription.

編號：MG177

768. 唐太宗昭陵圖

篆額：唐太宗昭陵圖

游師雄撰　楊安書　魏敏刊

宋紹聖元年（1094）

地點：陝西，昭陵

舊藏：Victor Segalen, Gilbert de Voisins,
Jean Lartigue

正書

1 幅。高 166 厘米，寬 81 厘米

法釋：Plan du tombeau de l'empereur Taizong des Tang restauré sous les Song.

編號：MG622

769. 憑几像

原名：至聖文宣王贊

孔宗壽撰

宋紹聖二年（1095）十月

地點：山東，曲阜，孔廟

舊藏：Edouard Chavannes

正書

1 幅。高 123 厘米，寬 62 厘米

著錄：華北 2（圖 869）

法釋：Eloge et portrait de Confucius assis avec ses dix disciples, d'après Wu Daozi（吳道子）.

編號：MG774

770. 顏子從行像

孫瑀立石　胡□刊

宋重和元年（1118）十月

地點：山東，曲阜

舊藏：Edouard Chavannes

正書

1 幅。高 62 厘米，寬 38 厘米

著錄：華北 2（圖 871）

法釋：Portrait de Confucius et Yanzi, d'après Wu Daozi（吳道子）.

編號：MG776

771. 大金承安重修中嶽廟圖

梁襄，宋元立石

金承安五年（1200）

地點：河南，登封，嵩山

舊藏：Edouard Chavannes

行書

2 幅。高 115 厘米，寬 66 厘米

著錄：華北 2（圖 966）

法釋：Plan du temple du pic du Centre（Songshan）après restauration.

編號：MG167

772. 二祖大師像并贊

原名：二祖大師像

志隆撰

金興定五年（1221）

地點：河南，登封，少林寺

舊藏：Edouard Chavannes

正書

1 幅。高 70 厘米，寬 64 厘米

著錄：華北 2（圖 996）

法釋：Portrait de Huike （慧可，487—593），deuxième patriarche du Chan, avec éloge.

編號：MG166

773. 達摩祖師隻履西歸相

繼明書　張道□刊　劉浙等立石

金元光元年（1222）

地點：河南，登封，少林寺

舊藏：Edouard Chavannes

正書

1 幅。高 67 厘米，寬 34 厘米

著錄：華北 2（圖 989）；少林 29

法釋：Portrait du patriarche Bodhidharma n'ayant qu'une sandale, avec éloge.

编號：MG159

法釋：Immortel et grue sous un pin.

编號：MG1036

774. 惠可神師斷臂像并贊

祖昭繪　行秀贊　清儇書　德琇刊刻　志
隆立石
金元光二年（1223）五月
地點：河南，登封，少林寺
舊藏：Edouard Chavannes
正書
1幅。高106厘米，寬64厘米
著錄：華北2（圖995）；北畫1.91
法釋：Portrait de Huike（487—593），
deuxième patriarche du Chan, avec éloge.
编號：MG165

775. 晉河内竹林七賢圖

原名：晉河内竹林七賢圖并史傳
宋（960—1279）
地點：河南，洛陽，存古閣
舊藏：Edouard Chavannes
正書
1幅。高54厘米，寬90厘米
法釋：Les sept sages de la forêt de bambou.
编號：MG506

776. 柏鶴仙人圖

孫知微繪
宋（960—1279）
地點：陝西，西安，碑林
舊藏：Vladimir Petropavlovsky
正書
2本，1幅。高116厘米，寬53厘米
著錄：碑林目16.126

777. 達摩像仁宗皇帝贊

談懷亨畫　智刊立石
元大德十一年（1307）二月
地點：河南，登封，少林寺
舊藏：Edouard Chavannes
正書
1幅。高70厘米，寬38厘米
著錄：華北2（圖987）
法釋：Portrait du patriarche Bodhidharma
avec éloge par l'empereur Renzong des
Song.
编號：MG157 bis

778. 華藏莊嚴世界海圖

圓覺繪并書　金成刻
元皇慶二年（1313）
地點：陝西，西安，碑林
正書　篆額
1幅。高130厘米，寬53厘米
著錄：碑林目17.143
法釋：Tableau de l'océan de l'univers de
l'Ornementation fleurie.
编號：MG1092

779. 魚籃觀音像

傅興畫　秦旺刻　正覺立石
明景泰二年（1451）
地點：陝西，西安，碑林
舊藏：Vladimir Petropavlovsky
正書

2 本，1 幅。高 53 厘米，寬 28 厘米

著録：碑林目 19.157

法釋：Portrait de Guanyin portant un poisson dans un panier, avec inscription.

編號：MG1048

780. 九九消寒之圖

青陽子題跋

明弘治元年（1488）二月

地點：陝西，西安，碑林

舊藏：Edouard Chavannes

正書

1 幅。高 86 厘米，寬 40 厘米

著録：碑林目 20.169；北畫 10.12；Chavannes, Les neuf neuvaines, 66-74

法釋：Les neuf neuvaines de la diminution du froid.

編號：MG806

781. 瑞蓮詩圖

朱秉欗題詩并跋　周風翼、周風翔模刻

明弘治七年（1494）七月

地點：陝西，西安，碑林

舊藏：Edouard Chavannes

正書

1 幅。高 80 厘米，寬 46 厘米

著録：碑林目 20.171；北畫 10.13

法釋：Lotus de bon augure avec poème.

編號：MG191

782. 月桂賦

嚴柳東賦　强晟跋

明弘治十二年（1499）九月

地點：陝西，西安，碑林

舊藏：Edouard Chavannes

正書

1 幅。高 88 厘米，寬 42 厘米

著録：碑林目 20.172；北畫 10.14

法釋：Poème en prose des canneliers sous la lune et image d'un jardin.

編號：MG202

783. 義勇武安王神像記

羅崇奎繪并立石　蕭大綱刻

明正德八年（1513）二月

地點：陝西，西安，碑林

舊藏：Edouard Chavannes

正書

1 幅。高 64 厘米，寬 28 厘米

著録：碑林目 21.175

法釋：Portrait de Guan Yu à cheval, avec inscription.

編號：MG804

784. 義勇武安王神像記

羅崇奎繪并立石　蕭大綱刻

明正德八年（1513）二月

地點：陝西，西安，碑林

舊藏：Vladimir Petropavlovsky

正書

1 幅。高 62 厘米，寬 27 厘米

著録：碑林目 21.175

法釋：Portrait de Guan Yu à cheval, avec inscription.

編號：MG1025

785．寇準像并贊

劉璣題

明正德十二年（1517）五月

地點：陝西，西安，碑林

舊藏：Edouard Chavannes

正書

1 幅。高 147 厘米，寬 58 厘米

著録：碑林目 21.179

法釋：Portrait de Kou Zhun 寇準（961—1023），duc de Lai（Shandong），avec inscription, d'après un portrait peint en 992 et gravé en 1018（天禧二年）．

編號：MG175

786．寇準像并贊

劉璣跋

明正德十二年（1517）五月

地點：陝西，西安，碑林

舊藏：Vladimir Petropavlovsky

正書

2 本，1 幅。高 150 厘米，寬 59 厘米

著録：碑林目 21.179

法釋：Portrait de Kou Zhun 寇準（961—1023），duc de Lai（Shandong），avec inscription, d'après un portrait peint en 992 et gravé en 1018（天禧二年）．

編號：MG1015

787．孔子像贊

吳道子畫　鄭信、高源、蕭清、汪海刻

明正德十五年（1520）

地點：雲南，昆明，五華寺

舊藏：Henri d'Ollone

正書

1 幅。高 194 厘米，寬 110 厘米

法釋：Portrait de Confucius, avec éloge.

編號：MG740

788．黄河圖説

劉天和撰并書

明嘉靖十四年（1535）

地點：陝西，西安，碑林

舊藏：Edouard Chavannes

正書

2 本，1 幅。高 118 厘米，寬 92 厘米

著録：碑林目 22.187

法釋：Carte du fleuve Jaune avec explications.

編號：MG172

789．黄河圖説

劉天和撰并書

明嘉靖十四年（1535）

地點：陝西，西安，碑林

舊藏：Henri d'Ollone

正書

1 幅。高 118 厘米，寬 92 厘米

著録：碑林目 22.187

法釋：Carte du fleuve Jaune avec explications.

編號：MG912

790．達摩折葦渡江圖并詩

李仲昇畫

明嘉靖二十二年（1543）

地點：河南，登封，少林寺

舊藏：Edouard Chavannes

草，正書

1 幅。高 122 厘米，寬 62 厘米

著錄：華北 2（圖 988）；北畫 1.103；

少林 34

法釋：Portrait du patriarche Bodhidharma traversant le fleuve.

編號：MG158

791. 混元六大教主

明嘉靖三十一年（1552）八月

地點：陝西，西安，碑林

舊藏：Edouard Chavannes

正書

1 幅。高 56 厘米，寬 28 厘米

著錄：碑林目 22.194

法釋：Portrait de l'immortel Zhenwu（真武）avec inscription.

編號：MG193

792. 混元六大教主

明嘉靖三十一年（1552）八月

地點：陝西，西安，碑林

舊藏：Vladimir Petropavlovsky

正書

1 幅。高 57 厘米，寬 28 厘米

著錄：碑林目 22.194

法釋 Portrait de l'immortel Zhenwu（真武）avec inscription.

編號：MG1017

793. 松韶雅韵圖

孫應鰲書并題

明嘉靖四十二年（1563）

地點：陝西，西安，碑林

舊藏：Edouard Chavannes

正書

1 幅。高 86 厘米，寬 35 厘米

著錄：碑林目 23.201；北畫 10.15

法釋：Image de deux pins avec poème.

編號：MG200

794. 魯司寇孔子像并題

孫應鰲畫并題記

明嘉靖四十二年（1563）六月

地點：陝西，西安，碑林

舊藏：Edouard Chavannes

正書

1 幅。高 68 厘米，寬 35 厘米

著錄：華北 2（圖 872）；碑林目 23.202

法釋：Portrait de Confucius avec un disciple, d'après Wu Daozi（吳道子），et note.

編號：MG777

795. 魯司寇孔子像并題

孫應鰲畫并題記

明嘉靖四十二年（1563）六月

地點：陝西，西安，碑林

舊藏：Vladimir Petropavlovsky

正書

1 幅。高 66 厘米，寬 35 厘米

著錄：華北 2（圖 872）；碑林目，23.202

法釋：Portrait de Confucius avec un disciple, d'après Wu Daozi（吳道子），et note.

編號：MG1033

796．無量壽祖師像
明嘉靖四十三年（1564）
地點：陝西，西安，碑林
舊藏：Edouard Chavannes
正書
1 幅。高 53 厘米，寬 35 厘米
著録：碑林目 23.203
法釋：Portrait du buddha Amitayus.
編號：MG194

797．無量壽祖師像
明嘉靖四十三年（1564）
地點：陝西，西安，碑林
舊藏：Vladimir Petropavlovsky
正書
1 幅。高 54 厘米，寬 35 厘米
著録：碑林目 23.203
法釋：Portrait du buddha Amitayus.
編號：MG1029

798．釋加如來雙迹靈相圖
王廉畫并書
明嘉靖四十五年（1566）
地點：河南，登封，少林寺
舊藏：Edouard Chavannes
正書　梵文額
1 幅。高 152 厘米，寬 62 厘米
著録：華北 2（圖 997）；少林 44
法釋：Stèle représentant les signes merveilleux sur les pieds du Buddha. Regravure d'une stèle datée de 1387（明洪武丁卯年）conservée à Xi'an.
編號：MG164

799．壽星像并贊
明萬曆十三年（1585）
地點：陝西，華陰，華山
舊藏：Edouard Chavannes
正書
1 幅。高 58 厘米，寬 56 厘米
著録：華北 2（圖 1177）
法釋：Portrait du vieillard Shouxing（étoile Canopus），avec éloge. Regravure d'une pierre datée de 1063—1064.
編號：MG169

800．聖迹圖
原名：聖迹之圖
明萬曆二十年（1592）十月
地點：山東，曲阜，孔子廟，聖迹殿
舊藏：Edouard Chavannes
篆書
1 幅。高 36 厘米，寬 57 厘米
法釋：Titre de la série de tablettes illustrant la vie de Confucius.
編號：MG390

801．聖迹圖：聖圖殿記
張應登撰
明萬曆二十年（1592）十月
地點：山東，曲阜，孔子廟，聖迹殿
舊藏：Edouard Chavannes
正書
2 幅。高 36 厘米，寬 57 厘米
法釋：Note sur la salle abritant les tablettes illustrant la vie de Confucius.
編號：MG391-392

802．聖迹圖：聖圖殿説

邵以仁撰并書　章艸刊
明萬曆二十年（1592）
地點：山東，曲阜，孔子廟，聖迹殿
舊藏：Edouard Chavannes
正書
3 幅。高 36 厘米，寬 56 厘米；高 36 厘米，寬 28 厘米；高 36 厘米，寬 57 厘米
法釋：Note sur la salle abritant les tablettes illustrant la vie de Confucius.
編號：MG393-394-395

803．聖迹圖：史記世家

司馬遷撰
明萬曆二十年（1592）
地點：山東，曲阜，孔子廟，聖迹殿
舊藏：Edouard Chavannes
正書
2 幅。高 36 厘米，寬 56 厘米；高 36 厘米，寬 55 厘米
法釋：Biographie abrégée de Confucius tirée du Shiji.
編號：MG396-397

804．聖迹圖：先生小像

明萬曆二十年（1592）
地點：山東，曲阜，孔子廟，聖迹殿
舊藏：Edouard Chavannes
篆書
1 幅。高 36 厘米，寬 58 厘米
法釋：Vie de Confucius: Confucius suivi de Yan Hui.
編號：MG398

805．聖迹圖：尼山致禱

明萬曆二十年（1592）
地點：山東，曲阜，孔子廟，聖迹殿
舊藏：Edouard Chavannes
正書
1 幅。高 36 厘米，寬 58 厘米
法釋：Vie de Confucius: prière sur le mont Ni.
編號：MG399

806．聖迹圖：麒麟玉書

明萬曆二十年（1592）
地點：山東，曲阜，孔子廟，聖迹殿
舊藏：Edouard Chavannes
正書
1 幅。高 36 厘米，寬 58 厘米
法釋：Vie de Confucius: la licorne porteuse d'une tablette de jade.
編號：MG400

807．聖迹圖：二龍五老

明萬曆二十年（1592）
地點：山東，曲阜，孔子廟，聖迹殿
舊藏：Edouard Chavannes
正書
1 幅。高 36 厘米，寬 58 厘米
法釋：Vie de Confucius: les deux dragons et les cinq vieillards.
編號：MG401

808．聖迹圖：鈞天降聖

明萬曆二十年（1592）
地點：山東，曲阜，孔子廟，聖迹殿

舊藏：Edouard Chavannes

正書

1 幅。高 36 厘米，寬 58 厘米

法釋：Vie de Confucius: du ciel descend le sage.

編號：MG402

809．聖迹圖：俎豆禮容

明萬曆二十年（1592）

地點：山東，曲阜，孔子廟，聖迹殿

舊藏：Edouard Chavannes

正書

1 幅。高 36 厘米，寬 58 厘米

法釋：Vie de Confucius: les cérémonies rituelles avec les vases « zu » et « dou ».

編號：MG403

810．聖迹圖：入平仲學

明萬曆二十年（1592）

地點：山東，曲阜，孔子廟，聖迹殿

舊藏：Edouard Chavannes

正書

1 幅。高 36 厘米，寬 58 厘米

法釋：Vie de Confucius: à l'école de Pingzhong.

編號：MG404

811．聖迹圖：識司委吏

明萬曆二十年（1592）

地點：山東，曲阜，孔子廟，聖迹殿

舊藏：Edouard Chavannes

正書

1 幅。高 36 厘米，寬 58 厘米

法釋：Vie de Confucius: tenir les comptes.

編號：MG405

812．聖迹圖：識司乘田

明萬曆二十年（1592）

地點：山東，曲阜，孔子廟，聖迹殿

舊藏：Edouard Chavannes

正書

1 幅。高 36 厘米，寬 58 厘米

法釋：Vie de Confucius: s'occuper des greniers.

編號：MG406

813．聖迹圖：命名榮貺

明萬曆二十年（1592）

地點：山東，曲阜，孔子廟，聖迹殿

舊藏：Edouard Chavannes

正書

1 幅。高 36 厘米，寬 58 厘米

法釋：Vie de Confucius: donner un nom en recevant un présent.

編號：MG407

814．聖迹圖：學琴師襄

明萬曆二十年（1592）

地點：山東，曲阜，孔子廟，聖迹殿

舊藏：Edouard Chavannes

正書

1 幅。高 36 厘米，寬 58 厘米

法釋：Vie de Confucius: apprendre le luth auprès de maître Xiang.

編號：MG408

815. 聖迹圖：太廟問禮
明萬曆二十年（1592）
地點：山東，曲阜，孔子廟，聖迹殿
舊藏：Edouard Chavannes
正書
1 幅。高 36 厘米，寬 58 厘米
法釋：Vie de Confucius: informer sur les rites au temple des ancêtres impériaux.
編號：MG409

816. 聖迹圖：大夫師事
明萬曆二十年（1592）
地點：山東，曲阜，孔子廟，聖迹殿
舊藏：Edouard Chavannes
正書
1 幅。高 36 厘米，寬 58 厘米
法釋：Vie de Confucius: être honoré comme un maître.
編號：MG410

817. 聖迹圖：問禮老聃
明萬曆二十年（1592）
地點：山東，曲阜，孔子廟，聖迹殿
舊藏：Edouard Chavannes
正書
1 幅。高 36 厘米，寬 58 厘米
法釋：Vie de Confucius: interroger Laozi sur les rites.
編號：MG411

818. 聖迹圖：訪樂萇弘
明萬曆二十年（1592）
地點：山東，曲阜，孔子廟，聖迹殿

舊藏：Edouard Chavannes
正書
1 幅。高 36 厘米，寬 58 厘米
法釋：Vie de Confucius: interroger Chang Hong sur la musique.
編號：MG412

819. 聖迹圖：在川觀水
明萬曆二十年（1592）
地點：山東，曲阜，孔子廟，聖迹殿
舊藏：Edouard Chavannes
正書
1 幅。高 36 厘米，寬 58 厘米
法釋：Vie de Confucius: contempler les eaux d'une rivière.
編號：MG413

820. 聖迹圖：觀器論道
明萬曆二十年（1592）
地點：山東，曲阜，孔子廟，聖迹殿
舊藏：Edouard Chavannes
正書
1 幅。高 36 厘米，寬 58 厘米
法釋：Vie de Confucius: parler de la Voie en contemplant un vase sacrificiel.
編號：MG414

821. 聖迹圖：獵較從魯
明萬曆二十年（1592）
地點：山東，曲阜，孔子廟，聖迹殿
舊藏：Edouard Chavannes
正書
1 幅。高 36 厘米，寬 58 厘米

法釋：Vie de Confucius: chasser à la manière du pays de Lu.

編號：MG415

822．聖迹圖：退修詩書

明萬曆二十年（1592）

地點：山東，曲阜，孔子廟，聖迹殿

舊藏：Edouard Chavannes

正書

1 幅。高 36 厘米，寬 58 厘米

法釋：Vie de Confucius: se retirer pour composer les Odes et les Documents.

編號：MG416

823．聖迹圖：韋編三絶

明萬曆二十年（1592）

地點：山東，曲阜，孔子廟，聖迹殿

舊藏：Edouard Chavannes

正書

1 幅。高 36 厘米，寬 58 厘米

法釋：Vie de Confucius: les liens de cuir se rompent trois fois.

編號：MG417

824．聖迹圖：拜胙遇塗

明萬曆二十年（1592）

地點：山東，曲阜，孔子廟，聖迹殿

舊藏：Edouard Chavannes

正書

1 幅。高 36 厘米，寬 54 厘米

法釋：Vie de Confucius: rencontrer en chemin l'homme que l'on souhaite saluer.

編號：MG418

825．聖迹圖：晝息鼓琴

明萬曆二十年（1592）

地點：山東，曲阜，孔子廟，聖迹殿

舊藏：Edouard Chavannes

正書

1 幅。高 36 厘米，寬 54 厘米

法釋：Vie de Confucius: jouer du luth en se reposant.

編號：MG419

826．聖迹圖：論穆公霸

明萬曆二十年（1592）

地點：山東，曲阜，孔子廟，聖迹殿

舊藏：Edouard Chavannes

正書

1 幅。高 36 厘米，寬 54 厘米

法釋：Vie de Confucius: évoquer l'hégémonie du duc Mu de Qin.

編號：MG420

827．聖迹圖：觀鄉人射

明萬曆二十年（1592）

地點：山東，曲阜，孔子廟，聖迹殿

舊藏：Edouard Chavannes

正書

1 幅。高 36 厘米，寬 54 厘米

法釋：Vie de Confucius: observer une compétition de tir à l'arc.

編號：MG421

828．聖迹圖：晏嬰沮封

明萬曆二十年（1592）

地點：山東，曲阜，孔子廟，聖迹殿

舊藏：Edouard Chavannes

正書

1 幅。高 36 厘米，寬 54 厘米

法釋：Vie de Confucius: s'informer du gouvernement au mont Tai.

編號：MG422

829. 聖迹圖：景公尊讓

明萬曆二十年（1592）

地點：山東，曲阜，孔子廟，聖迹殿

舊藏：Edouard Chavannes

正書

1 幅。高 36 厘米，寬 54 厘米

法釋：Vie de Confucius: le duc Jing respecte les règles de la politesse.

編號：MG423

830. 聖迹圖：泰山問政

明萬曆二十年（1592）

地點：山東，曲阜，孔子廟，聖迹殿

舊藏：Edouard Chavannes

正書

1 幅。高 36 厘米，寬 54 厘米

法釋：Vie de Confucius: Yan Ying dissuade Confucius de recevoir des terres en apanage.

編號：MG424

831. 聖迹圖：知魯廟灾

明萬曆二十年（1592）

地點：山東，曲阜，孔子廟，聖迹殿

舊藏：Edouard Chavannes

正書

1 幅。高 36 厘米，寬 54 厘米

法釋：Vie de Confucius: prévoir la destruction du temple des Ancêtres du royaume de Lu.

編號：MG425

832. 聖迹圖：不對田賦

明萬曆二十年（1592）

地點：山東，曲阜，孔子廟，聖迹殿

舊藏：Edouard Chavannes

正書

1 幅。高 36 厘米，寬 54 厘米

法釋：Vie de Confucius: rester silencieux à propos des taxes foncières.

編號：MG426

833. 聖迹圖：受餼分惠

明萬曆二十年（1592）

地點：山東，曲阜，孔子廟，聖迹殿

舊藏：Edouard Chavannes

正書

1 幅。高 36 厘米，寬 54 厘米

法釋：Vie de Confucius: partager du grain avec des disciples démunis.

編號：MG427

834. 聖迹圖：射矍相圃

明萬曆二十年（1592）

地點：山東，曲阜，孔子廟，聖迹殿

舊藏：Edouard Chavannes

正書

1 幅。高 36 厘米，寬 56 厘米

法釋：Vie de Confucius: tirer à l'arc dans un jardin à Juexiang.

編號：MG428

835．聖迹圖：舞雩從游
明萬曆二十年（1592）

地點：山東，曲阜，孔子廟，聖迹殿

舊藏：Edouard Chavannes

正書

1 幅。高 36 厘米，寬 56 厘米

法釋：Vie de Confucius: se promener près de l'autel où l'on danse pour appeler la pluie.

編號：MG429

836．聖迹圖：餽食欣受
明萬曆二十年（1592）

地點：山東，曲阜，孔子廟，聖迹殿

舊藏：Edouard Chavannes

正書

1 幅。高 36 厘米，寬 56 厘米

法釋：Vie de Confucius: se féliciter de manger des nourritures grossières.

編號：MG430

837．聖迹圖：觀象知雨
明萬曆二十年（1592）

地點：山東，曲阜，孔子廟，聖迹殿

舊藏：Edouard Chavannes

正書

1 幅。高 36 厘米，寬 56 厘米

法釋：Vie de Confucius: regarder le ciel et deviner qu'il va pleuvoir.

編號：MG431

838．聖迹圖：步游洙泗
明萬曆二十年（1592）

地點：山東，曲阜，孔子廟，聖迹殿

舊藏：Edouard Chavannes

正書

1 幅。高 36 厘米，寬 56 厘米

法釋：Vie de Confucius: se rendre à pied aux rivières Zhu et Si.

編號：MG432

839．聖迹圖：瑟儆孺悲
明萬曆二十年（1592）

地點：山東，曲阜，孔子廟，聖迹殿

舊藏：Edouard Chavannes

正書

1 幅。高 36 厘米，寬 56 厘米

法釋：Vie de Confucius: jouer du luth pour marquer son refus de recevoir Ru Bei.

編號：MG433

840．聖迹圖：農山言志
明萬曆二十年（1592）

地點：山東，曲阜，孔子廟，聖迹殿

舊藏：Edouard Chavannes

正書

1 幅。高 36 厘米，寬 56 厘米

法釋：Vie de Confucius: informer de ses desseins lors d'une promenade au mont Nong.

編號：MG434

841．聖迹圖：四子侍坐
明萬曆二十年（1592）

地點：山東，曲阜，孔子廟，聖迹殿

舊藏：Edouard Chavannes

正書

1 幅。高 36 厘米，寬 56 厘米

法釋：Vie de Confucius: quatre disciples attendant assis.

編號：MG435

842．聖迹圖：過庭詩禮

明萬曆二十年（1592）

地點：山東，曲阜，孔子廟，聖迹殿

舊藏：Edouard Chavannes

正書

1 幅。高 36 厘米，寬 56 厘米

法釋：Vie de Confucius: étudier les Odes et les Rites après être passé par le hall.

編號：MG436

843．聖迹圖：命賜存魯

明萬曆二十年（1592）

地點：山東，曲阜；孔子廟，聖迹殿

舊藏：Edouard Chavannes

正書

1 幅。高 36 厘米，寬 56 厘米

法釋：Vie de Confucius: sauver le royaume de Lu par des instructions.

編號：MG437

844．聖迹圖：化行中都

明萬曆二十年（1592）

地點：山東，曲阜，孔子廟，聖迹殿

舊藏：Edouard Chavannes

正書

1 幅。高 36 厘米，寬 56 厘米

法釋：Vie de Confucius: veiller à l'application des rites à la capitale.

編號：MG438

845．聖迹圖：敬入公門

明萬曆二十年（1592）

地點：山東，曲阜，孔子廟，聖迹殿

舊藏：Edouard Chavannes

正書

1 幅。高 36 厘米，寬 56 厘米

法釋：Vie de Confucius: franchir avec respect la porte du Palais.

編號：MG439

846．聖迹圖：夾谷會齊

明萬曆二十年（1592）

地點：山東，曲阜，孔子廟，聖迹殿

舊藏：Edouard Chavannes

正書

1 幅。高 36 厘米，寬 56 厘米

法釋：Vie de Confucius: rencontrer à Jiagu le duc Jing de Qi.

編號：MG440

847．聖迹圖：隤羊辨怪

明萬曆二十年（1592）

地點：山東，曲阜，孔子廟，聖迹殿

舊藏：Edouard Chavannes

正書

1 幅。高 36 厘米，寬 56 厘米

法釋：Vie de Confucius: Fenyang reconnu comme un monstre.

编號：MG441

848. 聖迹圖：歸田謝過
明萬曆二十年（1592）

地點：山東，曲阜，孔子廟，聖迹殿

舊藏：Edouard Chavannes

正書

1 幅。高 36 厘米，寬 56 厘米

法釋：Vie de Confucius: de retour dans son royaume, confesser ses erreurs.

编號：MG442

849. 聖迹圖：禮墮三都
明萬曆二十年（1592）

地點：山東，曲阜，孔子廟，聖迹殿

舊藏：Edouard Chavannes

正書

1 幅。高 36 厘米，寬 56 厘米

法釋：Vie de Confucius: détruire trois cités qui contreviennent aux rites.

编號：MG443

850. 聖迹圖：義誅正卯
明萬曆二十年（1592）

地點：山東，曲阜，孔子廟，聖迹殿

舊藏：Edouard Chavannes

正書

1 幅。高 36 厘米，寬 56 厘米

法釋：Vie de Confucius: Zhengmao châtié suivant la justice.

编號：MG444

851. 聖迹圖：赦父子訟
明萬曆二十年（1592）

地點：山東，曲阜，孔子廟，聖迹殿

舊藏：Edouard Chavannes

正書

1 幅。高 36 厘米，寬 56 厘米

法釋：Vie de Confucius: pardonner au père et au fils en litige.

编號：MG445

852. 聖迹圖：侍席魯君
明萬曆二十年（1592）

地點：山東，曲阜，孔子廟，聖迹殿

舊藏：Edouard Chavannes

正書

1 幅。高 36 厘米，寬 56 厘米

法釋：Vie de Confucius: au service du prince de Lu.

编號：MG446

853. 聖迹圖：儒服儒行
明萬曆二十年（1592）

地點：山東，曲阜，孔子廟，聖迹殿

舊藏：Edouard Chavannes

正書

1 幅。高 36 厘米，寬 56 厘米

法釋：Vie de Confucius: l'habit du lettré et la conduite du lettré.

编號：MG447

854. 聖迹圖：貴黍賤桃
明萬曆二十年（1592）

地點：山東，曲阜，孔子廟，聖迹殿

舊藏：Edouard Chavannes

正書

1 幅。高 36 厘米，寬 56 厘米

法釋：Vie de Confucius: préférer le millet aux pêches.

編號：MG448

855．聖迹圖：子貢辭行

明萬曆二十年（1592）

地點：山東，曲阜，孔子廟，聖迹殿

舊藏：Edouard Chavannes

正書

1 幅。高 36 厘米，寬 56 厘米

法釋：Vie de Confucius: les adieux de Zigong.

編號：MG449

856．聖迹圖：子羔仁恕

明萬曆二十年（1592）

地點：山東，曲阜，孔子廟，聖迹殿

舊藏：Edouard Chavannes

正書

1 幅。高 36 厘米，寬 56 厘米

法釋：Vie de Confucius: la noblesse de cœur du juge Zigao.

編號：MG450

857．聖迹圖：因膰去魯

明萬曆二十年（1592）

地點：山東，曲阜，孔子廟，聖迹殿

舊藏：Edouard Chavannes

正書

1 幅。高 36 厘米，寬 56 厘米

法釋：Vie de Confucius: quitter le royaume de Lu dont le prince se conduit mal.

編號：MG451

858．聖迹圖：放鮪知德

明萬曆二十年（1592）

地點：山東，曲阜，孔子廟，聖迹殿

舊藏：Edouard Chavannes

正書

1 幅。高 36 厘米，寬 56 厘米

法釋：Vie de Confucius: relâcher les poissons et découvrir la vertu.

編號：MG452

859．聖迹圖：儀封仰聖

明萬曆二十年（1592）

地點：山東，曲阜，孔子廟，聖迹殿

舊藏：Edouard Chavannes

正書

1 幅。高 36 厘米，寬 56 厘米

法釋：Vie de Confucius: un garde-frontière du royaume de Wei rend hommage au Saint.

編號：MG453

860．聖迹圖：靈公郊迎

明萬曆二十年（1592）

地點：山東，曲阜，孔子廟，聖迹殿

舊藏：Edouard Chavannes

正書

1 幅。高 36 厘米，寬 56 厘米

法釋：Vie de Confucius: le duc Ling s'en va accueillir Confucius.

編號：MG454

861．聖迹圖：適衛擊磬

明萬曆二十年（1592）

地點：山東，曲阜，孔子廟，聖迹殿

舊藏：Edouard Chavannes

正書

1 幅。高 36 厘米，寬 56 厘米

法釋：Vie de Confucius: aller à Wei et jouer des pierres sonores.

編號：MG455

862．聖迹圖：禮見南子

明萬曆二十年（1592）

地點：山東，曲阜，孔子廟，聖迹殿

舊藏：Edouard Chavannes

正書

1 幅。高 36 厘米，寬 56 厘米

法釋：Vie de Confucius: rendre visite à Nanzi.

編號：MG456

863．聖迹圖：醜次同車

明萬曆二十年（1592）

地點：山東，曲阜，孔子廟，聖迹殿

舊藏：Edouard Chavannes

正書

1 幅。高 36 厘米，寬 56 厘米

法釋：Vie de Confucius: refuser d'accompagner le duc Ling en char.

編號：MG457

864．聖迹圖：靈公問陳

明萬曆二十年（1592）

地點：山東，曲阜，孔子廟，聖迹殿

舊藏：Edouard Chavannes

正書

1 幅。高 36 厘米，寬 56 厘米

法釋：Vie de Confucius: le duc Ling interroge Confucius sur l'art militaire.

編號：MG458

865．聖迹圖：匡人解圍

明萬曆二十年（1592）

地點：山東，曲阜，孔子廟，聖迹殿

舊藏：Edouard Chavannes

正書

1 幅。高 36 厘米，寬 56 厘米

法釋：Vie de Confucius: les gens de Kuang retiennent Confucius prisonnier.

編號：MG459

866．聖迹圖：西河返駕

明萬曆二十年（1592）

地點：山東，曲阜，孔子廟，聖迹殿

舊藏：Edouard Chavannes

正書

1 幅。高 36 厘米，寬 56 厘米

法釋：Vie de Confucius: faire demi-tour après avoir atteint le fleuve Jaune.

編號：MG460

867．聖迹圖：脫驂館人

明萬曆二十年（1592）

地點：山東，曲阜，孔子廟，聖迹殿

舊藏：Edouard Chavannes

正書

1 幅。高 36 厘米，寬 56 厘米

法釋：Vie de Confucius: faire l'hommage d'un cheval à la famille d'un hôte défunt.

編號：MG461

868．聖迹圖：宋人伐木

明萬曆二十年（1592）

地點：山東，曲阜，孔子廟，聖迹殿

舊藏：Edouard Chavannes

正書

1 幅。高 36 厘米，寬 56 厘米

法釋：Vie de Confucius: les gens de Song abattent un arbre.

編號：MG462

869．聖迹圖：過蒲贊政

明萬曆二十年（1592）

地點：山東，曲阜，孔子廟，聖迹殿

舊藏：Edouard Chavannes

正書

1 幅。高 36 厘米，寬 56 厘米

法釋：Vie de Confucius: louer le gouvernement en passant à Pu.

編號：MG463

870．聖迹圖：忠信濟水

明萬曆二十年（1592）

地點：山東，曲阜，孔子廟，聖迹殿

舊藏：Edouard Chavannes

正書

1 幅。高 36 厘米，寬 56 厘米

法釋：Vie de Confucius: la loyauté permet de franchir des eaux démontées.

編號：MG464

871．聖迹圖：楛矢貫隼

明萬曆二十年（1592）

地點：山東，曲阜，孔子廟，聖迹殿

舊藏：Edouard Chavannes

正書

1 幅。高 36 厘米，寬 56 厘米

法釋：Vie de Confucius: un faucon abattu d'une flèche.

編號：MG465

872．聖迹圖：微服過宋

明萬曆二十年（1592）

地點：山東，曲阜，孔子廟，聖迹殿

舊藏：Edouard Chavannes

正書

1 幅。高 36 厘米，寬 56 厘米

法釋：Vie de Confucius: passer à Song sous un déguisement.

編號：MG466

873．聖迹圖：五乘從遊

明萬曆二十年（1592）

地點：山東，曲阜，孔子廟，聖迹殿

舊藏：Edouard Chavannes

正書

1 幅。高 36 厘米，寬 56 厘米

法釋：Vie de Confucius: être escorté de cinq voitures.

編號：MG467

874．聖迹圖：子路問津

明萬曆二十年（1592）

地點：山東，曲阜，孔子廟，聖迹殿

舊藏：Edouard Chavannes

正書

1 幅。高 36 厘米，寬 56 厘米

法釋：Vie de Confucius: Zilu s'enquiert d'un gué.

編號：MG468

875．聖迹圖：陵陽罷役

明萬曆二十年（1592）

地點：山東，曲阜，孔子廟，聖迹殿

舊藏：Edouard Chavannes

正書

1 幅。高 36 厘米，寬 56 厘米

法釋：Vie de Confucius: arrêter la construction d'une terrasse à Lingyang.

編號：MG469

876．聖迹圖：紫文金簡

明萬曆二十年（1592）

地點：山東，曲阜，孔子廟，聖迹殿

舊藏：Edouard Chavannes

正書

1 幅。高 36 厘米，寬 56 厘米

法釋：Vie de Confucius: caractères pourpres sur tablettes d'or.

編號：MG470

877．聖迹圖：在陳絶糧

明萬曆二十年（1592）

地點：山東，曲阜，孔子廟，聖迹殿

舊藏：Edouard Chavannes

正書

1 幅。高 36 厘米，寬 56 厘米

法釋：Vie de Confucius: à court de provisions à Chen.

編號：MG471

878．聖迹圖：受魚致祭

明萬曆二十年（1592）

地點：山東，曲阜，孔子廟，聖迹殿

舊藏：Edouard Chavannes

正書

1 幅。高 36 厘米，寬 56 厘米

法釋：Vie de Confucius: faire un sacrifice après avoir reçu un poisson.

編號：MG472

879．聖迹圖：題季札墓

明萬曆二十年（1592）

地點：山東，曲阜，孔子廟，聖迹殿

舊藏：Edouard Chavannes

正書

1 幅。高 36 厘米，寬 56 厘米

法釋：Vie de Confucius: faire une inscription sur la tombe de Jizha.

編號：MG473

880．聖迹圖：楚狂接輿

明萬曆二十年（1592）

地點：山東，曲阜，孔子廟，聖迹殿

舊藏：Edouard Chavannes

正書

1 幅。高 36 厘米，寬 56 厘米

法釋：Vie de Confucius: le fou Jieyu de Chu.

編號：MG474

881. 聖迹圖：子西沮封
明萬曆二十年（1592）

地點：山東，曲阜，孔子廟，聖迹殿

舊藏：Edouard Chavannes

正書

1 幅。高 36 厘米，寬 56 厘米

法釋：Vie de Confucius: Zixi dissuade Confucius de recevoir des terres en apanage.

編號：MG475

882. 聖迹圖：觀周明堂
明萬曆二十年（1592）

地點：山東，曲阜，孔子廟，聖迹殿

舊藏：Edouard Chavannes

正書

1 幅。高 36 厘米，寬 56 厘米

法釋：Vie de Confucius: visiter le Mingtang des Zhou.

編號：MG476

883. 聖迹圖：金人銘背
明萬曆二十年（1592）

地點：山東，曲阜，孔子廟，聖迹殿

舊藏：Edouard Chavannes

正書

1 幅。高 36 厘米，寬 56 厘米

法釋：Vie de Confucius: une inscription au dos d'une statue d'or.

編號：MG477

884. 聖迹圖：山梁雌雉
明萬曆二十年（1592）

地點：山東，曲阜，孔子廟，聖迹殿

舊藏：Edouard Chavannes

正書

1 幅。高 36 厘米，寬 56 厘米

法釋：Vie de Confucius: un faisan sur une colline.

編號：MG478

885. 聖迹圖：作歌丘陵
明萬曆二十年（1592）

地點：山東，曲阜，孔子廟，聖迹殿

舊藏：Edouard Chavannes

正書

1 幅。高 36 厘米，寬 56 厘米

法釋：Vie de Confucius: composer le chant du coteau.

編號：MG479

886. 聖迹圖：作猗蘭操
明萬曆二十年（1592）

地點：山東，曲阜，孔子廟，聖迹殿

舊藏：Edouard Chavannes

正書

1 幅。高 36 厘米，寬 56 厘米

法釋：Vie de Confucius: composer le chant de l'orchidée.

編號：MG480

887. 聖迹圖：武城弦歌
明萬曆二十年（1592）

地點：山東，曲阜，孔子廟，聖迹殿

舊藏：Edouard Chavannes

正書

1 幅。高 36 厘米，寬 56 厘米

法釋：Vie de Confucius: écouter de la musique à Wucheng.
編號：MG481

888．聖迹圖：杏壇禮樂
明萬曆二十年（1592）
地點：山東，曲阜，孔子廟，聖迹殿
舊藏：Edouard Chavannes
正書
1 幅。高 36 厘米，寬 56 厘米
法釋：Vie de Confucius: rites et musique sur la terrasse aux abricotiers.
編號：MG482

889．聖迹圖：克復傳顏
明萬曆二十年（1592）
地點：山東，曲阜，孔子廟，聖迹殿
舊藏：Edouard Chavannes
正書
1 幅。高 36 厘米，寬 56 厘米
法釋：Vie de Confucius: enseigner à Yan Yuan le respect des rites.
編號：MG483

890．聖迹圖：孝經傳曾
明萬曆二十年（1592）
地點：山東，曲阜，孔子廟，聖迹殿
舊藏：Edouard Chavannes
正書
1 幅。高 36 厘米，寬 56 厘米
法釋：Vie de Confucius: enseigner à Zengzi la piété filiale.
編號：MG484

891．聖迹圖：琴歌盟壇
明萬曆二十年（1592）
地點：山東，曲阜，孔子廟，聖迹殿
舊藏：Edouard Chavannes
正書
1 幅。高 36 厘米，寬 56 厘米
法釋：Vie de Confucius: chanter en s'accompagnant au luth à l'autel du serment.
編號：MG485

892．聖迹圖：讀易有感
明萬曆二十年（1592）
地點：山東，曲阜，孔子廟，聖迹殿
舊藏：Edouard Chavannes
正書
1 幅。高 36 厘米，寬 56 厘米
法釋：Vie de Confucius: être ému à la lecture des Mutations.
編號：MG486

893．聖迹圖：望吳門馬
明萬曆二十年（1592）
地點：山東，曲阜，孔子廟，聖迹殿
舊藏：Edouard Chavannes
正書
1 幅。高 36 厘米，寬 56 厘米
法釋：Vie de Confucius: voir un cheval à la porte de Wu.
編號：MG487

894．聖迹圖：萍實通謠
明萬曆二十年（1592）
地點：山東，曲阜，孔子廟，聖迹殿

舊藏：Edouard Chavannes

正書

1 幅。高 36 厘米，寬 56 厘米

法釋：Vie de Confucius: la ballade de la lentille d'eau.

編號：MG488

895．聖迹圖：商羊知雨

明萬曆二十年（1592）

地點：山東，曲阜，孔子廟，聖迹殿

舊藏：Edouard Chavannes

正書

1 幅。高 36 厘米，寬 56 厘米

法釋：Vie de Confucius: l'oiseau Shangyang annonciateur de pluie.

編號：MG489

896．聖迹圖：骨辨防風

明萬曆二十年（1592）

地點：山東，曲阜，孔子廟，聖迹殿

舊藏：Edouard Chavannes

正書

1 幅。高 36 厘米，寬 56 厘米

法釋：Vie de Confucius: à propos de l'os de Fangfeng.

編號：MG490

897．聖迹圖：觀蠟論俗

明萬曆二十年（1592）

地點：山東，曲阜，孔子廟，聖迹殿

舊藏：Edouard Chavannes

正書

1 幅。高 36 厘米，寬 56 厘米

法釋：Vie de Confucius: s'entretenir des mœurs lors du sacrifice de fin d'année.

編號：MG491

898．聖迹圖：聖門四科

明萬曆二十年（1592）

地點：山東，曲阜，孔子廟，聖迹殿

舊藏：Edouard Chavannes

正書

1 幅。高 36 厘米，寬 56 厘米

法釋：Vie de Confucius: les quatre catégories de disciples.

編號：MG492

899．聖迹圖：西狩獲麟

明萬曆二十年（1592）

地點：山東，曲阜，孔子廟，聖迹殿

舊藏：Edouard Chavannes

正書

1 幅。高 36 厘米，寬 56 厘米

法釋：Vie de Confucius: capturer une licorne en chassant à l'ouest.

編號：MG493

900．聖迹圖：沐浴請討

明萬曆二十年（1592）

地點：山東，曲阜，孔子廟，聖迹殿

舊藏：Edouard Chavannes

正書

1 幅。高 36 厘米，寬 56 厘米

法釋：Vie de Confucius: prendre un bain puis demander le châtiment des rebelles.

編號：MG494

901. 聖迹圖：世業克昌
明萬曆二十年（1592）
地點：山東，曲阜，孔子廟，聖迹殿
舊藏：Edouard Chavannes
正書
1 幅。高 36 厘米，寬 56 厘米
法釋：Vie de Confucius: tenir compte des actions des ancêtres mène à la prospérité.
編號：MG495

902. 聖迹圖：跪受赤虹
明萬曆二十年（1592）
地點：山東，曲阜，孔子廟，聖迹殿
舊藏：Edouard Chavannes
正書
1 幅。高 36 厘米，寬 56 厘米
法釋：Vie de Confucius: s'agenouiller pour recevoir un arc-en-ciel rouge.
編號：MG496

903. 聖迹圖：夢奠兩楹
明萬曆二十年（1592）
地點：山東，曲阜，孔子廟，聖迹殿
舊藏：Edouard Chavannes
正書
1 幅。高 36 厘米，寬 56 厘米
法釋：Vie de Confucius: rêver d'une libation entre deux colonnes.
編號：MG497

904. 聖迹圖：合葬於防
明萬曆二十年（1592）
地點：山東，曲阜，孔子廟，聖迹殿
舊藏：Edouard Chavannes
正書
1 幅。高 36 厘米，寬 56 厘米
法釋：Vie de Confucius: être enterrés ensemble à Fang.
備注：MG17699
編號：MG499

905. 聖迹圖：杏壇植檜
明萬曆二十年（1592）
地點：山東，曲阜，孔子廟，聖迹殿
舊藏：Edouard Chavannes
正書
1 幅。高 36 厘米，寬 56 厘米
法釋：Vie de Confucius: planter un genévrier sur la terrasse aux abricotiers.
編號：MG500

906. 聖迹圖：魯國大治
明萬曆二十年（1592）
地點：山東，曲阜，孔子廟，聖迹殿
舊藏：Edouard Chavannes
正書
1 幅。高 36 厘米，寬 56 厘米
法釋：Vie de Confucius: exercer de hautes fonctions au royaume de Lu.
編號：MG501

907. 聖迹圖：尊居不駕
明萬曆二十年（1592）
地點：山東，曲阜，孔子廟，聖迹殿
舊藏：Edouard Chavannes
正書

1 幅。高 36 厘米，寬 56 厘米

法釋：Vie de Confucius: décliner les honneurs et ne pas gouverner.

編號：MG502

908．聖迹圖：□人五儀

明萬曆二十年（1592）

地點：山東，曲阜，孔子廟，聖迹殿

舊藏：Edouard Chavannes

正書

1 幅。高 36 厘米，寬 56 厘米

法釋：Vie de Confucius: les cinq types de gens.

備註：MG17699

編號：MG503

909．聖迹圖：□□□□

明萬曆二十年（1592）

地點：山東，曲阜，孔子廟，聖迹殿

舊藏：Edouard Chavannes

正書

1 幅。高 36 厘米，寬 56 厘米

法釋：Vie de Confucius: citation du Zhongyong 中庸（20，1）sur la disparition des principes de gouvernement des roi Wen et Wu.

編號：MG504

910．聖迹圖：□□□□

明萬曆二十年（1592）

地點：山東，曲阜，孔子廟，聖迹殿

舊藏：Edouard Chavannes

正書

1 幅。高 36 厘米，寬 56 厘米

法釋：Vie de Confucius: texte non identifié.

編號：MG505

911．純陽呂祖像

原名：純陽呂祖寶誥

錢萬選摹勒　侯于秀書丹　卜棟鐫字

明萬曆二十八年（1600）

地點：陝西，西安，碑林

舊藏：Edouard Chavannes

行書

1 幅。高 84 厘米，寬 44 厘米

著錄：碑林目 25.222

法釋：Portrait de l'immortel Lü Dongbin, avec éloge par Lin Yingguang（林應光）.

編號：MG163

912．純陽呂祖像

原名：純陽呂祖寶誥

錢萬選摹勒　侯于秀書丹　卜棟鐫字

明萬曆二十八年（1600）

地點：陝西，西安，碑林

舊藏：Vladimir Petropavlovsky

行書

1 幅。高 88 厘米，寬 43 厘米

著錄：碑林目 25.222

法釋：Portrait de l'immortel Lü Dongbin, avec éloge par Lin Yingguang（林應光）.

編號：MG1045

913．達摩畫像

劉亮采畫，任良臣鐫字

明萬曆三十五年（1607）

地點：山東，濟南，靈巖寺

舊藏：Edouard Chavannes

行書

1 幅。高 124 厘米，寬 79 厘米

著録：華北 2（圖 985）

法釋：Portrait du patriarche Bodhidharma.

編號：MG156

914. 達摩渡江圖

劉安行立石

明天啓四年（1624）

地點：河南，登封，少林寺

舊藏：Edouard Chavannes

行書

1 幅。高 174 厘米，寬 102 厘米

著録：華北 2（圖 986）；北畫 1.118；少

林 35

法釋：Portrait du patriarche Bodhidharma.

編號：MG157

915. 文昌帝君像贊

李光輝模書　蕭文中立石

明天啓四年（1624）

地點：陝西，西安，碑林

舊藏：Edouard Chavannes

正書

1 幅。高 78 厘米，寬 36 厘米

著録：碑林 412.31；北畫 7.36

法釋：Portrait du dieu de la littérature avec

éloge.

編號：MG192

916. 文昌帝君像贊

李光輝模書　蕭文中立石

明天啓四年（1624）

地點：陝西，西安，碑林

舊藏：Vladimir Petropavlovsky

正書

1 幅。高 80 厘米，寬 38 厘米

著録：碑林 412.31；北畫 7.36

法釋：Portrait du dieu de la littérature avec

éloge.

編號：MG1044

917. 魁星像贊

李光輝書畫

明天啓四年（1624）

地點：陝西，西安，碑林

舊藏：Edouard Chavannes

正書

1 幅。高 68 厘米，寬 27 厘米

著録：碑林 412.31；北畫 7.37

法釋：Portrait de Kuixing, divinité de la

littérature.

編號：MG199

918. 魁星像贊

李光輝書畫

明天啓四年（1624）

地點：陝西，西安，碑林

舊藏：Vladimir Petropavlovsky

正書

1 幅。高 80 厘米，寬 38 厘米

著録：碑林 412.31；北畫 7.37

法釋：Portrait de Kuixing, divinité de la

littérature.

編號：MG1046

919. 白衣大悲五印心陀羅尼經并像

李光輝畫并書　孫繼盛勒石　趙璧鐫字

明天啓五年（1625）

地點：陝西，西安，碑林

舊藏：Vladimir Petropavlovsky

正書

1 幅。高 59 厘米，寬 36 厘米

著錄：碑林目 26.231

法釋：Portrait de Guanyin aux vêtements blancs avec dhāraṇī.

編號：MG1030

920. 達摩隻履折葦渡江圖并贊

風顛畫

清康熙二十八年（1689）

地點：河南，登封，少林寺

舊藏：Edouard Chavannes

正書

1 幅。高 118 厘米，寬 56 厘米

著錄：華北 2（圖 990）；北畫 1.87

法釋：Portrait du patriarche Bodhidharma n'ayant qu'une sandale et traversant le fleuve, avec éloge.

編號：MG160

921. 達摩面壁像

風顛畫

清康熙二十八年（1689）

地點：陝西，西安

舊藏：Edouard Chavannes

行書

1 幅。高 115 厘米，寬 56 厘米

著錄：華北 2（圖 992）；北畫 1.86

法釋：Portrait du patriarche Bodhidharma assis face au mur, avec éloge.

編號：MG162

922. 達摩面壁像

風顛畫

清康熙二十八年（1689）

地點：陝西，西安，碑林

舊藏：Vladimir Petropavlovsky

行書

1 幅。高 114 厘米，寬 54 厘米

著錄：碑林目 31.287

法釋：Portrait du patriarche Bodhidharma assis face au mur, avec éloge.

編號：MG1014

923. 達摩東渡圖

風顛畫

清康熙二十八年（1689）

地點：陝西，西安，碑林

舊藏：Vladimir Petropavlovsky

行書

2 本，1 幅。高 114 厘米，寬 52 厘米

著錄：碑林目 31.286

法釋：Portrait du patriarche Bodhidharma traversant le Fleuve.

編號：MG1013

924. 達摩西來像

風顛畫

清康熙二十八年（1689）

地點：陝西，西安，碑林

舊藏：Vladimir Petropavlovsky

正書

2 本，1 幅。高 60 厘米，寬 31 厘米

著録：碑林 412.38

法釋：Portrait de Bohidharma debout tenant le bol.

編號：MG1032

925．白衣大悲五印心陀羅尼經并觀音像

路從廣繪　王拱辰記　林應光修　卜材鎸字　卜棟重鎸字

清順治十三年（1656）

地點：陝西，西安，碑林

舊藏：Edouard Chavannes

正書

1 幅。高 69 厘米，寬 31 厘米

著録：碑林 412.39

法釋：Sūtra de la dhāraṇī des cinq mudrā du Grand compatissant aux vêtements blancs, avec portrait de Guanyin.

編號：MG195

926．白衣大悲五印心陀羅尼經并觀音像

路從廣繪　王拱辰記　林應光修　卜材鎸字　卜棟重鎸字

清順治十三年（1656）

地點：陝西，西安，碑林

舊藏：Vladimir Petropavlovsky

正書

1 幅。高 67 厘米，寬 36 厘米

著録：碑林 412.39

法釋：Sūtra de la dhāraṇī des cinq mudrā du Grand compatissant aux vêtements blancs, avec portrait de Guanyin.

編號：MG1031

927．準提菩薩像

林應光録　侯于秀書　卜棟鎸字

清順治十三年（1656）

地點：陝西，西安，碑林

舊藏：Vladimir Petropavlovsky

正書

2 本，1 幅。高 94 厘米，寬 44 厘米

著録：碑林目 28.250；北畫 7.52

法釋：Portrait du bodhisattva Cundi avec textes rituels.

編號：MG1043

928．關聖真君像贊

秦駿生題贊　卜楨、卜德元刻石

清順治十四年（1657）

地點：陝西，西安，碑林

舊藏：Vladimir Petropavlovsky

正書

2 本，1 幅。高 128 厘米，寬 62 厘米

著録：碑林目 28.251

法釋：Portrait de Guan Yu assis, avec éloge.

編號：MG1035

929．誦經儀軌像

余天茂勒石　晋文煜摹像

清順治年間（1644—1661）

地點：陝西，西安，碑林

舊藏：Vladimir Petropavlovsky

正書

2 本，1 幅。高 90 厘米，寬 31 厘米

著録：碑林目 28.253

法釋：Portrait de Confucius assis avec Zeng Can （曾參）. Au dessous, rituel de la récitation du Livre de la piété filiale.

編號：MG1051

930. 觀世音菩薩像

左佩玹藏稿　左重耀篆書　葉承桃勒　黄家鼎、梁禹甸立石

清康熙三年（1664）

地點：陝西，西安，碑林

舊藏：Victor Segalen, Gilbert de Voisins, Jean Lartigue

篆書

2 本，1 幅。高 176 厘米，寬 80 厘米

著録：碑林目 29.259

法釋：Portrait du bodhisattva Guanyin.

編號：MG598

931. 觀世音菩薩像

左佩玹藏稿　左重耀篆書　葉承桃勒　黄家鼎、梁禹甸立石

清康熙三年（1664）

地點：陝西，西安，碑林

舊藏：Vladimir Petropavlovsky

篆書

2 本，1 幅。高 176 厘米，寬 77 厘米

著録：碑林目 29.259

法釋：Portrait du bodhisattva Guanyin.

編號：MG1023

932. 楷圖

清康熙六年（1667）

地點不詳

舊藏：Mme Maybon

正書　行額

2 幅。高 133 厘米，寬 53 厘米；23 厘米，寬 46 厘米

法釋：L'arbre kai du jardin de Confucius, avec note.

編號：MG844

933. 紫竹觀音像

王自英記并摹　楊玉璞、楊玉振刻

清康熙十八年（1679）

地點：陝西，西安，碑林

舊藏：Vladimir Petropavlovsky

正書

2 本，1 幅。高 92 厘米，寬 53 厘米

著録：碑林目 30.269；北畫 7.45

法釋：Portrait de Guanyin aux bambous.

編號：MG1038

934. 達摩祖師像并贊

原名：達摩祖師圖像

馮繡寫　朱集義書　楊玉璞刻

清康熙十九年（1680）

地點：陝西，西安

舊藏：Edouard Chavannes

正書

1 幅。高 70 厘米，寬 47 厘米

著録：華北 2（圖 991）；北畫 1.135

法釋：Portait du patriarche Bodhidharma, avec poème.

編號：MG161

935. 達摩祖師像

馮繡繪圖　朱集義題贊詩　楊玉璞鐫字

清康熙十九年（1680）

地點：陝西，西安，碑林

舊藏：Vladimir Petropavlovsky

正書

2 本，1 幅。高 76 厘米，寬 45 厘米

著録：碑林目 30.271

法釋：Portrait de Bodhidharma avec éloge.

編號：MG1027

936. 松鶴圖

朱集義畫

清康熙十九年（1680）

地點：陝西，西安，碑林

舊藏：Edouard Chavannes

隸書

1 幅。高 190 厘米，寬 78 厘米

著録：碑林目 30.272

法釋：Pin et grues.

編號：MG179

937. 松鶴圖

朱集義畫

清康熙十九年（1680）

地點：陝西，西安，碑林

舊藏：Vladimir Petropavlovsky

隸書

1 幅。高 192 厘米，寬 80 厘米

著録：碑林目 30.272

法釋：Pin et grues.

編號：MG1024

938. 關中八景

朱集義繪圖并題詩　馮繡篆額　高君詔

刻字　楊玉璞刻畫

普文煜、趙斌立石

清康熙十九年（1680）

地點：陝西，西安，碑林

舊藏：Vladimir Petropavlovsky

正書

1 幅。高 213 厘米，寬 72 厘米

著録：碑林目 30.270

法釋：Paysages et poèmes sur les huits vues du Guanzhong.

編號：MG1019

939. 白衣大士像

吳達畫　張沔題贊　卜世等刻石

清康熙二十二年（1683）

地點：陝西，西安，碑林

舊藏：Vladimir Petropavlovsky

篆書

2 本，1 幅。高 147 厘米，寬 53 厘米

著録：碑林目 31.279

法釋：Portrait de Guanyin sous un saule avec un enfant et éloge.

編號：MG1026

940. 三聖母像并記

鄂洛題記　朱玨畫　卜世刻石

清康熙二十二年（1683）

地點：陝西，西安，碑林

舊藏：Vladimir Petropavlovsky

正書

1 幅。高 136 厘米，寬 68 厘米

著録：碑林目 31.280

法釋：Hommage à Guanyin: trois femmes assises avec des enfants.

編號：MG1040

941. 薦福殿堂圖；薦福地量記

篆題：薦福殿堂圖

霍于京書　朱玨畫

清康熙三十一年（1692）

地點：陝西，西安，小雁塔

舊藏：Victor Segalen, Gilbert de Voisins, Jean Lartigue

正書

1 幅。高 300 厘米，寬 102 厘米

法釋：Plan du temple de la petite Pagode de l'Oie sauvage et note sur les revenus des terres de ce temple.

編號：MG628

942. 董仲舒像

篆額：漢醇儒像

原名：先儒廣川伯董夫子像贊

吳攀桂撰贊　趙希獻書　趙曙繪　董文昌、董承緒上石　高君殿鐫字

清康熙三十一年（1692）

地點：陝西，西安，碑林

舊藏：Vladimir Petropavlovsky

隸，正書

2 本，1 幅。高 110 厘米，寬 45 厘米

著錄：碑林目 32.288

法釋：Portrait de Dong Zhongshu（vers 179—vers 104）avec éloge.

編號：MG1018

943. 重建闕里孔子廟圖序

清康熙三十二年（1693）

地點：山東，曲阜，孔子廟

舊藏：Edouard Chavannes

篆，正書

1 幅。高 250 厘米，寬 89 厘米

著錄：華北 2（圖 868）

法釋：Plan du temple de Confucius restauré à Qufu.

編號：MG152 bis

944. 虛中君子圖

賈鉉畫并題記

清康熙三十八年（1699）

地點：陝西，西安，碑林

舊藏：Vladimir Petropavlovsky

2 本，1 幅。高 133 厘米，寬 71 厘米

著錄：碑林目 33.297

法釋：Bambous avec inscription.

編號：MG1009

945. 太華山全圖

原名：太華全圖

賈鉉畫并題　李士龍、卜世刊

清康熙三十九年（1700）

地點：陝西，西安，碑林

舊藏：Edouard Chavannes

行書

1 幅。高 112 厘米，寬 68 厘米

著錄：華北 2（圖 1008）；碑林目 33.300

法釋：Carte du mont Hua（Shaanxi）avec inscription.

編號：MG173

946. 太華山全圖
原名：太華全圖
賈鉉畫并題　李士龍、卜世刊
清康熙三十九年（1700）
地點：陝西，西安，碑林
舊藏：Vladimir Petropavlovsky
行書
1 幅。高 129 厘米，寬 68 厘米
著録：華北 2（圖 1008）；碑林目 33.300
法釋：Carte du mont Hua（Shaanxi）avec
inscription.
編號：MG1022

947. 太華山全圖
原名：太華全圖
賈鉉畫并題　李士龍、卜世刊
清康熙三十九年（1700）
地點：陝西，華陰，西嶽廟
舊藏：Victor Segalen, Gilbert de Voisins,
Jean Lartigue
行書
1 幅。高 138 厘米，寬 58 厘米
著録：華山 93
法釋：Carte du mont Hua（Shaanxi）avec
inscription.
編號：MG594A

948. 太華山全圖
原名：太華全圖
清康熙三十九年（1700）
地點：陝西，華陰，西嶽廟
舊藏：Victor Segalen, Gilbert de Voisins,
Jean Lartigue
行書

1 幅。高 138 厘米，寬 58 厘米
著録：華山 93
法釋：Carte du mont Hua（Shaanxi）avec
inscription.
編號：MG594B

949. 太白山全圖
原名：太白全圖
賈鉉繪并題　李士龍、卜世刊
清康熙三十九年（1700）
地點：陝西，西安，碑林
舊藏：Edouard Chavannes
行書
1 幅。高 188 厘米，寬 74 厘米
著録：碑林目 33.299
法釋：Carte du mont Taibai（Shaanxi）
avec inscription.
編號：MG174

950. 太白山全圖
原名：太白全圖
賈鉉繪并題　李士龍、卜世刊
清康熙三十九年（1700）
地點：陝西，西安，碑林
舊藏：Victor Segalen, Gilbert de Voisins,
Jean Lartigue
行書
1 幅。高 194 厘米，寬 75 厘米
著録：碑林目 33.299
法釋：Carte du mont Taibai（Shaanxi）
avec inscription.
編號：MG595

951. 太白山全圖

原名：太白全圖

賈鉉繪并題　李士龍、卜世刊

清康熙三十九年（1700）

地點：陝西，西安，碑林

舊藏：Vladimir Petropavlovsky

行書

1 幅。高 188 厘米，寬 74 厘米

著録：碑林目 33.299

法釋：Carte du mont Taibai（Shaanxi）avec inscription.

編號：MG1021

952. 太白山全圖

原名：太白全圖

賈鉉繪并題　李士龍、卜世刊

清康熙三十九年（1700）

地點：陝西，西安，碑林

行書

1 幅。高 184 厘米，寬 73 厘米

著録：碑林目 33.299

法釋：Carte du mont Taibai（Shaanxi）avec inscription.

編號：MG1061

953. 香節圖

賈鉉畫并記

清康熙三十九年（1700）

地點：陝西，西安，碑林

舊藏：Edouard Chavannes

行書

1 幅。高 134 厘米，寬 72 厘米

著録：碑林目 33.301；北畫 10.37

法釋：Image de bambous et orchidées avec inscription.

編號：MG201

954. 香節圖

賈鉉畫并記

清康熙三十九年（1700）

地點：陝西，西安，碑林

舊藏：Vladimir Petropavlovsky

行書

2 本，1 幅。高 132 厘米，寬 73 厘米

著録：碑林目 33.301；北畫 10.37

法釋：Image de bambous et orchidées avec inscription.

編號：MG1008

955. 關夫子像贊

達禮善撰并書

清康熙四十三年（1704）

地點：陝西，西安，碑林

舊藏：Vladimir Petropavlovsky

正書

1 幅。高 105 厘米，寬 68 厘米

著録：碑林目 34.309；北畫 1.171

法釋：Portrait de Guan Yu assis, avec éloge.

編號：MG1049

956. 童子拜觀音圖

達禮善繪并書

清康熙四十四年（1705）

地點：陝西，西安，碑林

舊藏：Vladimir Petropavlovsky

正書

2 本，1 幅。高 100 厘米，寬 45 厘米

著録：碑林目 34.312

法釋：Portrait de Guanyin à l'enfant avec incantation.

編號：MG1028

著録：碑林目 35.318

法釋：Bambous formant une calligraphie, avec note datée de 1489（弘治二年）.

編號：MG178

957. 關羽像

徐昌琪畫

清康熙四十八年（1709）

地點：雲南，昆明，五華寺

舊藏：Henri d'Ollone

正書

4 本。1 幅。高 138 厘米，寬 72 厘米

法釋：Portrait de Guan Yu.

編號：MG742

958. 達摩乘葦圖

風顛畫

清順治八年至康熙四十九年（1651—1710）

舊藏：Vladimir Petropavlovsky

草書

2 本，1 幅。高 58 厘米，寬 33 厘米

著録：北畫 1.88

法釋：Portrait de Bohidharma debout.

編號：MG1034

959. 關帝詩竹圖并注

原名：關帝詩竹

韓宰臨石立

清康熙五十五年（1716）

地點：陝西，西安，碑林

舊藏：Edouard Chavannes

正書

1 幅。高 125 厘米，寬 65 厘米

960. 關帝詩竹圖并注

原名：關帝詩竹

韓宰臨石立

清康熙五十五年（1716）

地點：陝西，西安，碑林

舊藏：Vladimir Petropavlovsky（？）

正書

1 幅。高 123 厘米，寬 57 厘米

著録：碑林目 35.318

法釋：Bambous formant une calligraphie, avec note datée de 1489（弘治二年）.

編號：MG1001

961. 關聖帝君像

李進泰摹并書

清康熙六十年（1721）

地點：陝西，西安，碑林

舊藏：Vladimir Petropavlovsky

正書

2 本，1 幅。高 100 厘米，寬 54 厘米

著録：碑林目 35.325

法釋：Portrait de Guan Yu à cheval.

編號：MG1037

962. 關中八景：華嶽仙掌

武廷桂畫　樊東興刊

清康熙年間（1662—1722）

地點：陝西，西安，碑林

舊藏：Edouard Chavannes

行書

1 幅。高 118 厘米，寬 32 厘米

著録：碑林目 36.337；北畫 10.162

法釋：Première des huit vues célèbres du Shaanxi, avec poèmes.

編號：MG180

963．關中八景：驪山晚照

武廷桂畫　樊東興刊

清康熙年間（1662—1722）

地點：陝西，西安，碑林

舊藏：Edouard Chavannes

行書

1 幅。高 118 厘米，寬 32 厘米

著録：碑林目 36.337；北畫 10.163

法釋：Deuxième des huit vues célèbres du Shaanxi, avec poèmes.

編號：MG181

964．關中八景：霸柳風雪

武廷桂畫　樊東興刊

清康熙年間（1662—1722）

地點：陝西，西安，碑林

舊藏：Edouard Chavannes

行書

1 幅。高 118 厘米，寬 32 厘米

著録：碑林目 36.337；北畫 10.168

法釋：Troisième des huit vues célèbres du Shaanxi, avec poèmes.

編號：MG182

965．關中八景：曲江流飲

武廷桂畫　樊東興刊

清康熙年間（1662—1722）

地點：陝西，西安，碑林

舊藏：Edouard Chavannes

行書

1 幅。高 118 厘米，寬 32 厘米

著録：碑林目 36.337；北畫 10.167

法釋：Quatrième des huit vues célèbres du Shaanxi, avec poèmes.

編號：MG183

966．關中八景：雁塔晨鐘

武廷桂畫　樊東興刊

清康熙年間（1662—1722）

地點：陝西，西安，碑林

舊藏：Edouard Chavannes

行書

1 幅。高 118 厘米，寬 32 厘米

著録：碑林目 36.337；北畫 10.164

法釋：Cinquième des huit vues célèbres du Shaanxi, avec poèmes.

編號：MG184

967．關中八景：咸陽古渡

武廷桂畫　樊東興刊

清康熙年間（1662—1722）

地點：陝西，西安，碑林

舊藏：Edouard Chavannes

行書

1 幅。高 118 厘米，寬 32 厘米

著録：碑林目 36.337；北畫 10. 166

法釋：Sixième des huit vues célèbres du Shaanxi, avec poèmes.

編號：MG185

968．關中八景：草堂烟霧
武廷桂畫　樊東興刊
清康熙年間（1662—1722）
地點：陝西，西安，碑林
舊藏：Edouard Chavannes
行書
1 幅。高 118 厘米，寬 32 厘米
著録：碑林目 36.337；北畫 10. 165
法釋：Septième des huit vues célèbres du Shaanxi, avec poèmes.
編號：MG186

969．關中八景：太白積雪
武廷桂畫　樊東興刊
清康熙年間（1662—1722）
地點：陝西，西安，碑林
舊藏：Edouard Chavannes
行書
1 幅。高 118 厘米，寬 32 厘米
著録：碑林目 36.337；北畫 10. 169
法釋：Huitième des huit vues célèbres du Shaanxi, avec poèmes.
編號：MG187

970．福禄壽三星圖
趙希獻畫
清康熙年間（1662—1722）
地點：陝西，西安，碑林
舊藏：Vladimir Petropavlovsky
2 本，1 幅。高 110 厘米，寬 74 厘米
著録：碑林目 37.340

法釋：Les trois étoiles représentant le bonheur, les émoluments et la longévité.
編號：MG1006

971．白衣大士像贊
張汧題贊　吳達、鄧霖畫　卜世鐫字
清康熙年間（1662—1722）
地點：陝西，西安，碑林
舊藏：Vladimir Petropavlovsky
正書
2 本，1 幅。高 71 厘米，寬 54 厘米
著録：碑林目 37.341
法釋：Portrait de Guanyin à l'enfant, avec éloge.
編號：MG1039

972．張仙送子像
鄧霖畫　卜世鐫字
清康熙年間（1662—1722）
地點：陝西，西安，碑林
舊藏：Vladimir Petropavlovsky
2 本，1 幅。高 71 厘米，寬 44 厘米
著録：碑林目 37.341
法釋：Portrait de Zhang Xian à cheval portant un enfant.
編號：MG1041

973．送子觀音像
沈長藩畫　李敬修題詞　卜昇、卜興刻
清康熙年間（1662—1722）
地點：陝西，西安，碑林
舊藏：Vladimir Petropavlovsky
正書

2 本，1 幅。高 84 厘米，寬 70 厘米

著録：碑林目 37.339

法釋：Portrait de Guanyin à l'enfant.

編號：MG1047

974. 孔子像

原名：至聖先師像

允禮畫

清雍正十二年（1734）九月

地點：陝西，西安，碑林

舊藏：Edouard Chavannes

篆，正書

2 幅。高 154 厘米，寬 110 厘米

著録：華北 2（圖 873）；碑林目 38.350

法釋：Portrait de Confucius.

編號：MG153

975. 孔子像

原名：至聖先師像

允禮畫

清雍正十二年（1734）九月

地點：陝西，西安，碑林

舊藏：Victor Segalen, Gilbert de Voisins, Jean Lartigue

篆，正書

1 幅。高 142 厘米，寬 110 厘米

著録：華北 2（圖 873）；碑林目 38.350

法釋：Portrait de Confucius.

編號：MG601

976. 孔子像

原名：至聖先師像

允禮畫

清雍正十二年（1734）九月

地點：陝西，西安，碑林

舊藏：Vladimir Petropavlovsky

篆，正書

2 本，1 幅。高 156 厘米，寬 106 厘米

著録：華北 2（圖 873）；碑林目 38.350

法釋：Portrait de Confucius.

編號：MG1050

977. 文廟崇祀位次之圖

孫能寬撰并書　魏振綱刻

清雍正十三年（1735）三月

地點：陝西，西安，碑林

舊藏：Edouard Chavannes

正書

1 幅。高 144 厘米，寬 68 厘米

著録：碑林目 38.352

法釋：Disposition des portraits de Confucius et ses disciples dans le Wen miao （文廟）.

編號：MG779

978. 小三友圖并記

原名：三友圖

李逢春繪并題

清乾隆九年（1744）

地點：陝西，西安，碑林

舊藏：Edouard Chavannes

正書

1 幅。高 58 厘米，寬 27 厘米

著録：碑林目 39.369

法釋：Les trois amis: pin, abricotier et bambou en petit format, avec note.

編號：MG189

979. 三元圖并記
李逢春畫并題跋
清乾隆九年（1744）
地點：陝西，西安，碑林
舊藏：Edouard Chavannes
正書
1 幅。高 160 厘米，寬 32 厘米
著録：碑林目 39.369
法釋：Les trois Grands: pin, abricotier et bambou.
編號：MG190

980. 三友圖
李逢春畫并撰文　卜兆夢刊
清乾隆十二年（1747）
地點：陝西，西安，碑林
舊藏：Edouard Chavannes
正書
1 幅。高 159 厘米，寬 95 厘米
著録：碑林目 39.371；北畫 10.33
法釋：Les trois amis: pin, abricotier et bambou.
編號：MG188

981. 像篆字三星圖
李逢春畫并書
清乾隆十五年（1750）
地點：陝西，西安，碑林
舊藏：Edouard Chavannes
正書
1 幅。高 98 厘米，寬 57 厘米
著録：碑林目 40.374；北畫 7.48
法釋：Eloge des trois constellations évoquant le bonheur, la richesse et la longévité.
編號：MG196

982. 像篆字三星圖
李逢春畫并書
清乾隆十五年（1750）
地點：陝西，西安，碑林
舊藏：Vladimir Petropavlovsky
正書
2 本，1 幅。高 98 厘米，寬 61 厘米
著録：碑林目 40.374；北畫 7.48
法釋：Eloge des trois constellations évoquant le bonheur, la richesse et la longévité.
編號：MG1016

983. 十六羅漢像
清乾隆二十九年（1764）八月
地點不詳
16 幅。高 116 厘米，寬 54 厘米
法釋：Les seize arhats.
編號：MG1010

984. 棉花圖并說詩
原名：御題棉花圖
清高宗弘曆書詩，首書題　方光承書説詩
清乾隆三十年（1765）七月
地點：北京，故宮
隸，正，行書
12 幅。高 29 厘米，寬 110 厘米
著録：北畫 10.53-61
法釋：Illustrations à propos de la culture du coton, avec textes divers.

編號：MG1052

985．御筆娑羅樹壽班禪聖僧并贊

清高宗弘曆撰并書

清乾隆四十五年（1780）

地點：北京，黃寺

正書，藏，滿文

1 幅。高 166 厘米，寬 86 厘米

法釋：L'arbre de longévité, présenté au Panchen lama pour son anniversaire.

編號：MG1073

986．蘇文忠公遺像

關槐畫

清乾隆五十四年（1789）六月

地點不詳

舊藏：Callery, MG13681

正書

1 幅。高 120 厘米，寬 56 厘米

著錄：北畫 1.183

法釋：Portrait de Su Shi（蘇軾，1037—1101）, avec éloge.

編號：MG838

987．青蓮入朝圖

李逢春繪

清乾隆年間（1736—1795）

地點：陝西，西安，碑林

舊藏：Edouard Chavannes

正書

1 幅。高 92 厘米，寬 42 厘米

著錄：碑林目 53.523；北畫 10.42

法釋：Poisson et lotus.

編號：MG197

988．喜折月桂圖

李逢春繪

清乾隆年間（1736—1795）

地點：陝西，西安，碑林

舊藏：Edouard Chavannes

正書

1 幅。高 58 厘米，寬 42 厘米

著錄：碑林目 53.522；北畫 10.43

法釋：Pie perchée sur une branche de cannelier sous la lune.

編號：MG198

989．五百羅漢像贊

劉權之撰并書　胡觀瀾跋

清嘉慶三年至四年（1798—1799）

地點不詳

隸書

5 冊。59 頁，50 頁，50 頁，50 頁，50 頁。高 31 厘米，寬 17 厘米

法釋：Images des cinq cents arhats.

編號：MGBibliothèque 7b/37, fonds chinois 10281-10285

990．五百羅漢像贊

劉權之撰并書

清嘉慶三年至四年（1798—1799）

地點不詳

隸書

3 冊。52 頁，50 頁，50 頁。高 30 厘米，寬 16 厘米

法釋：Images des cinq cents arhats.

編號：MGBibliothèque 7b/40，fonds chinois 29642

991. 五百羅漢像贊
劉權之撰并書
清嘉慶三年至四年（1798—1799）
地點不詳
隸書
2 冊。25 頁，25 頁。高 28 厘米，寬 16 厘米
法釋：Images de cent des cinq cents arhats（1-50 et 401-450）.
編號：MGBibliothèque, fonds chinois 10501-10502

992. 觀音蓮臺圖
胡敄氏畫　胡元煥、胡元爆刻
清道光十七年（1837）
地點：陝西，西安，碑林
舊藏：Vladimir Petropavlovsky
正書
3 本，1 幅。高 80 厘米，寬 46 厘米
著錄：碑林目 46.445
法釋：Portrait de Guanyin sur un lotus, avec inscription.
編號：MG1042

993. 龍門山全圖
李玉堂繪　趙英俊鐫字
清咸豐五年（1855）
地點：河南，龍門
舊藏：Victor Segalen, Gilbert de Voisins, Jean Lartigue

正草書　篆題
1 幅。高 54 厘米，寬 127 厘米
法釋：Plan de Longmen.
備注：黑與赭石色墨
編號：MG672

994. 河路七字文體壽星圖碑
席梧貴題　源審書丹　劉高桂鐫石
清咸豐七年（1857）
地點：河南，龍門，潛溪寺
舊藏：Edouard Chavannes
正書
2 本，1 幅。高 98 厘米，寬 52 厘米
著錄：華北 2.325（圖 1176）
法釋：dieu de la longévité dont le corps est fait de sept caractères.
編號：MG516

995. 魁星圖
僧海雨沕立石　劉天佑刊
清同治三年（1864）
地點：河南，龍門，潛溪寺
舊藏：Edouard Chavannes
正書
2 本，1 幅。高 106 厘米，寬 51 厘米
著錄：華北 2.325（圖 1178）
法釋：Image de Kuixing formant la phrase（一正無私）.
編號：MG515

996. 魁星圖
僧海雨沕立石　劉天佑刊
清同治三年（1864）

地點：河南，龍門，潛溪寺
舊藏：Victor Segalen, Gilbert de Voisins, Jean Lartigue
正書
1 幅。高 104 厘米，寬 52 厘米
著録：華北 2.325（圖 1178）
法釋：Image de Kuixing formant la phrase 一正無私.
編號：MG626

997．龍門勝境

余崇德書并畫
清同治四年（1865）
地點：河南，龍門，潛溪寺
舊藏：Edouard Chavannes
正書
2 本，1 幅。高 49 厘米，寬 112 厘米
著録：Chavannes, Le défilé de Longmen, 155-158（圖 6）
法釋：Vue du défilé de Longmen, avec 2 colophons dont un de Zhishui（智水）.
編號：MG518

998．集字魁星點斗圖

馬德昭書
清同治年間（1862—1874）
地點：陝西，西安，碑林
舊藏：Edouard Chavannes
草書
1 幅。高 136 厘米，寬 60 厘米
著録：華北 2（圖 1179）；碑林目 49.484
法釋：Rébus de Kuixing montrant l'étoile polaire et formant rébus.
編號：MG170

999．集字魁星點斗圖

馬德昭書
清同治年間（1862—1874）
地點：陝西，西安，碑林
舊藏：Vladimir Petropavlovsky
草書
1 幅。高 131 厘米，寬 58 厘米
著録：華北 2（圖 1179）；碑林目 49.484
法釋：Rébus de Kuixing montrant l'étoile polaire et formant rébus.
編號：MG1012

1000．龍門全圖并詩

原名：龍門全圖
賈宗愷繪　離照題　陽文行書　張炳離刊
清同治十三年（1874）
地點：陝西，西安
舊藏：Edouard Chavannes
正，行書
2 本，1 幅。高 130 厘米，寬 63 厘米
著録：華北 2（圖 1064）；北畫 10.105
法釋：Plan du site de Longmen（Henan）, avec poème.
編號：MG171

1001．龍門勝境

清光緒七年（1881）
地點：河南，龍門，潛溪寺
舊藏：Edouard Chavannes
正書
1 幅。高 58 厘米，寬 134 厘米
法釋：Vue du défilé de Longmen, avec 8 colophons.

編號：MG517

1002. 新都讀碑圖

尹彭壽、張瑞珍、含澈等撰并書

清光緒十六年（1890）

地點：四川，新都

舊藏：Victor Segalen, Gilbert de Voisins, Jean Lartigue

行，正書

1 幅。高 62 厘米，寬 56 厘米

法釋：Paysage de la tombe de Wang Zhizi （王稚子，？—205）avec six notes à propos de la stèle funéraire.

編號：MG706

1003. 龍門勝概

王亭鐵筆

清光緒三十年（1904）

地點：河南，龍門，潛溪寺

舊藏：Edouard Chavannes

正書

2 本，1 幅。高 70 厘米，寬 136 厘米

法釋：Vue du défilé de Longmen, avec 9 colophons.

編號：MG519

1004. 復聖顏子像贊

原名：復聖顏子像

清（1644—1911）

地點：山東，曲阜，顏子廟

舊藏：Edouard Chavannes

篆書

1 幅。高 115 厘米，寬 65 厘米

著錄：華北 2（圖 851）

法釋：Portrait de Yan Hui （顏回） avec éloge.

編號：MG150

1005. 孔子林圖

原名：至聖先師孔子林圖

清（1644—1911）

地點：山東，曲阜，孔子廟

舊藏：Edouard Chavannes

篆，正書　質地：木

1 幅。高 106 厘米，寬 53 厘米

著錄：華北 2（圖 865）

法釋：Plan du temple de la famille de Confucius à Qufu.

編號：MG151

1006. 孔子林圖

原名：至聖先師孔子林圖

清（1644—1911）

地點：山東，曲阜，孔子廟

舊藏：Mme Maybon

篆，正書　質地：木

1 幅。高 104 厘米，寬 55 厘米

著錄：華北 2（圖 865）

法釋：Plan du temple de la famille de Confucius à Qufu.

編號：MG839

1007. 孔子廟圖

原名：至聖先師孔子廟圖

清（1644—1911）

地點：山東，曲阜，孔子廟

舊藏：Edouard Chavannes

篆，正書　質地：木

2 本，1 幅。高 104 厘米，寬 53 厘米

著録：華北 2（圖 867）

法釋：Plan du temple de Confucius à Qufu.

編號：MG152

1008. 孔子廟圖

原名：至聖先師孔子廟圖

清（1644—1911）

地點：山東，曲阜，孔子廟

舊藏：Mme Maybon

篆，正書　質地：木

1 幅。高 112 厘米，寬 55 厘米

著録：華北 2（圖 867）

法釋：Plan du temple de Confucius à Qufu.

編號：MG152bis

1009. 孔子像

原名：至聖先師孔子行像贊

清（1644—1911）

地點不詳

舊藏：Edouard Chavannes

正書　質地：木

1 幅。高 104 厘米，寬 31 厘米

法釋：Portrait de Confucius avec éloge.

編號：MG154

1010. 顏子廟唐柏圖贊

原名：顏子廟唐柏圖

清（1644—1911）

地點：山東，曲阜，顏子廟

舊藏：Edouard Chavannes

篆，正書

1 幅。高 153 厘米，寬 50 厘米

法釋：Représentation du cyprès des Tang du temple de Yan Hui à Qufu avec éloge.

編號：MG155

1011. 敕建西岳廟圖

清（1644—1911）

地點：陝西，華陰，華山

舊藏：Edouard Chavannes

正書

1 幅。高 185 厘米，寬 81 厘米

著録：華北 2（圖 1005）；華山 119

法釋：Plan du temple du pic de l'Ouest （Huashan）.

編號：MG168

1012. 鍾馗像

清（1644—1911）

地點：河南，龍門，香山寺

舊藏：Edouard Chavannes

1 幅。高 108 厘米，寬 55 厘米

法釋：Portrait de Zhong Kui.

備注：朱拓本

編號：MG522

1013. 觀音像

徐昌琪畫

清（1644—1911）

地點：雲南，昆明，五華寺

舊藏：Henri d'Ollone

正書

2 本，1 幅。高 158 厘米，寬 62 厘米

法釋：Portrait du bodhisattva Guanyin, d'après Wu Daozi（吳道子）.

編號：MG741

1014. 觀音大士像贊

李由道書　汪雲龍鐫字

清（1644—1911）

地點：雲南，昆明，五華寺

舊藏：Henri d'Ollone

正書

4 本，1 幅。高 110 厘米，寬 64 厘米

法釋：Portrait du bodhisattva Guanyin chauve, avec éloge.

編號：MG743

1015. 關羽像

清（1644—1911）

地點：雲南，昆明，五華寺

舊藏：Henri d'Ollone

1 幅。高 101 厘米，寬 56 厘米

法釋：Portrait de Guan Yu entouré de divers personnages bouddhistes, taoïstes et confucianistes.

編號：MG744

1016. 泰山全圖

清（1644—1911）

地點不詳

舊藏：Mme Maybon

正書　質地：木

1 幅。高 110 厘米，寬 63 厘米

法釋：Plan du mont Tai（Shandong）.

編號：MG841

1017. 先師孔子行教像

清（1644—1911）

地點不詳

舊藏：Mme Maybon

正書

1 幅。高 110 厘米，寬 48 厘米

著錄：北畫 6.169

法釋：Portrait de Confucius d'après Wu Daozi（吳道子）.

編號：MG842

1018. 孔夫子像并贊

吳道子筆　吳爾成贊

清（1644—1911）

地點不詳

舊藏：馬伯樂（Henri Maspero）

正書　篆題

1 幅。高 110 厘米，寬 65 厘米

法釋：Portrait de Confucius avec éloge.

編號：MG945

1019. 金剛力士像

年代不詳

地點不詳

舊藏：Victor Segalen, Gilbert de Voisins, Jean Lartigue

2 本，1 幅。高 132 厘米，寬 78 厘米

法釋：Image d'un gardien lokapāla.

編號：MG704

1020. 孔子像

年代不詳

地點：山東，曲阜

舊藏：Edouard Chavannes

1 幅。高 98 厘米，寬 64 厘米

著錄：華北 2（圖 870）

法釋：Portrait de Confucius.

編號：MG775

1021. 至聖先師孔子及先賢像

年代不詳

地點不詳

舊藏：Edouard Chavannes

正書　質地：木

2 本，1 幅。高 110 厘米，寬 64 厘米

著錄：華北 2（圖 866）

法釋：Portrait de Confucius et ses 72 disciples.

編號：MG778

1022. 天王像

年代不詳

地點：四川，夾江縣

舊藏：Henri d'Ollone

1 幅。高 132 厘米，寬 76 厘米

法釋：Image d'un roi gardien.

編號：MG966

銅　　器

1023．饕餮
商（前 16—前 11 世紀）
2 幅。高 41 厘米，寬 61 厘米；高 13 厘米，寬 22 厘米
著録：M. Girard-Geslan, Bronzes archaïques de Chine, 152-155
法釋：Décord d'un vase zun, en forme d'éléphant.
備注：銅器藏於吉美國立亞洲藝術博物館，EO 1545
編號：MG848

1024．大盂鼎
西周康王時期（前 11 世紀）
地點：陝西，岐山縣
現藏：中國國家博物館
篆書
1 幅。高 150 厘米，寬 80 厘米
著録：殷周 2837
法釋：Vase ding avec inscription datée du règne du roi Kang des Zhou. Le texte relate une cérémonie d'investiture lors de laquelle le roi rappelle les mérites de Yu et l'exhorte à consommer l'alcool avec modération.
備注：全形拓
編號：MG705

1025．古劍
戰國（前 403—前 222）

1 幅。高 47 厘米，寬 10 厘米
法釋：Epée avec traces de craquelures.
編號：MG813

1026．銅華連弧銘帶鏡
漢（前 206—220）
舊藏：Edouard Chavannes
篆書
1 幅。徑 16 厘米
銘文："湅治銅華清二明以之爲鏡而宜文章以長年益壽去不羊與天毋亟而日月之光毋相忘"
法釋：Estampage d'un miroir de bronze avec décor en arcs de cercles successifs（lianhu）.
編號：MG387

1027．漢代銅鏡
漢（前 206—220）
舊藏：S.H. Minkenhof
隸書
1 幅。徑 18 厘米
銘文："胡陽朱師作""帛（白）虎"
法釋：Estampage d'un miroir de bronze où figurent plusieurs personnages ainsi que deux animaux, avec deux courtes inscriptions.
編號：MG849

磚　　瓦

1028．漢磚

漢（前 206—220）

地點：陝西，咸陽

現藏：賽努奇巴黎亞洲藝術博物館

舊藏：Victor Segalen, Gilbert de Voisins, Jean Lartigue

1 幅。高 46 厘米，寬 32 厘米

法釋：Brique en six registres: scène de banquet.

備注：畫像磚賽努奇博物館編號：MC 6145

編號：MG686

1029．漢磚

漢（前 206—220）

地點：陝西，咸陽

舊藏：Victor Segalen, Gilbert de Voisins, Jean Lartigue

1 幅。高 46 厘米，寬 32 厘米

法釋：Brique en huit registres: scène de chasse.

編號：MG687

徵引參考書目

八補：陸增祥，《八瓊室金石補正》，吳興：劉氏希古樓，1925.

北畫：《北京圖書館藏畫像拓本匯編》，北京：書目文獻出版社，1993.

碑林：李域錚，趙敏生，雷冰編，《西安碑林書法藝術》，西安：人民美術出版社，1989.

碑林目：陳忠凱，王其褘，李舉綱，岳紹輝編，《西安碑林博物館藏碑刻總目提要》，北京：綫裝書局，2006.

北圖：北京圖書館金石組編，《北京圖書館藏中國歷代石刻拓本匯編》，鄭州：中州古籍出版社，1991.

漢畫：《漢代畫像全集》，Corpus des pierres sculptées Han（estampages），Pékin, Centre d'études sinologiques, 1950-51，2 冊。

華北：Édouard Chavannes（沙畹），Mission archéologique dans la Chine septentrionale（《華北考古圖譜》），Paris, École française d'Extrême-Orient, Planches（圖），2 冊，1909，Texte（釋），2 冊，1915.

華山：張江濤，《華山碑石》，西安：三秦出版社，1995.

金石：王昶，《金石萃編》，1805.

金石續：陸耀遹，《八瓊室金石續編》，1874.

龍門：水野清一，《龍門石窟の研究》，東京：座右寶刊行會 東方文化研究所，1941.

魯迅：北京魯迅博物館、上海魯迅紀念館編輯，《魯迅輯校石刻手稿：碑銘，造像，墓志，校文》，上海：上海書畫出版社，1987.

少林：蘇思義，楊曉捷，劉笠青，《少林石刻藝術選》，北京：文物出版社，1985.

四川：徐文彬，譚遙，龔廷萬，王新南，《四川漢代石闕》，北京：文物出版社，1992.

隋唐墓：《隋唐五代墓誌銘彙編·隋唐五代墓誌銘》，天津：天津古籍出版社，1991—1992.

索引：楊殿珣，《石刻題跋索引》，上海：商務印書館，1957.

殷周：中國社會科學院考古研究所，《殷周金文集成》，北京：中華書局，1984—1991.

Chavannes, Édouard：« La sculpture sur pierre en Chine au temps des deux dynasties Han », Paris, Ernest Leroux, 1893.

Chavannes, Édouard：« Dix inscriptions chinoises de l'Asie centrale d'après les estampages de M. Ch.-E. Bonin », Mémoires présentés par divers savants à l'Académie des Inscriptions et Belles-lettres, 1，XII, 2e partie, Paris, 1902.

Chavannes, Édouard：« Le défilé de Long-men dans la province du Ho-nan », Journal asiatique, 20，1902，133-159頁。

Chavannes, Édouard：« Les neuf neuvaines de la diminution du froid », Bulletin de l'Ecole française d'Extrême-Orient, 4，1904，66-74頁。

Chavannes, Édouard：« Inscriptions et pièces de chancellerie chinoises de l'époque mongole », T'oung Pao 通報, 5，1904，357-447頁；6，1905，1-42頁；9，1908，297-428頁。

Chavannes, Édouard：« Note sur l'inscription joutchen de K'ien-tcheou », T'oung Pao 通報, 7，1906，671-701頁。

Chavannes, Édouard：« Trois inscriptions relevées par M. Sylvain Charria », T'oung Pao 通報, 9，1908，263-265頁。

Chavannes, Édouard：« Le T'ai chan. Essai de monographie d'un culte chinois », Paris, Ernest Leroux, 1910.

Finot, Louis, V. Goloubew, « Le Fan-tseu t'a de Yunnanfou », Bulletin de l'Ecole française d'Extrême-Orient, 25（1925），435-448 頁。

Finsterbusch, Käte, « Verzeichnis und Motivindex der Han-Darstellungen », Wiesbaden, Otto Harrassowitz, 1966—2004，4 册。

Girard-Geslan, Maud, « Bronzes archaïques de Chine », Paris, Musée Guimet, 1995.

D'Ollone, Henri, « Ecritures des peuples non chinois de la Chine（Mission d'Ollone）», Paris, Ernest Leroux, 1912.

D'Ollone, Henri, Arnold Vissière, etc., « Recherches sur les musulmans chinois », Paris, Ernest Leroux, 1911.

大村西崖，《支那美術史彫塑篇》，東京，仏書刊行会図像部，1915.

Segalen, Victor, « Gilbert de Voisins & Jean Lartigue, Mission archéologique en Chine（1914）», I. L'art funéraire à l'époque des Han, Paris Geuthner, 1925.

金石拓片漢語拼音字母索引

其他

石刻年代索引

205

208

金

元

明

石刻地點索引

石刻撰者索引

石刻書者索引

220

石刻畫者索引

立石者索引

刻者索引

225